MW01635716

Gandhi

La voie de la non-violence

Textes choisis par Krishna Kripalani
traduits de l'anglais et annotés
par Guy Vogelweith

Notice de S. Radhakrishnan

Gallimard

Ce texte est extrait de *Tous les hommes sont frères*
(Folio essais n° 130).

L'édition en français de ces pages de Gandhi a été réalisée grâce à l'aide de la Commission française pour l'U.N.E.S.C.O. en accord avec l'Organisation des Nations Unies pour l'Éducation, la Science et la Culture et avec l'autorisation de la fondation indienne Navajivan Trust.

Titre original :

ALL MEN ARE BROTHERS

Mohandas Karamchand Gāndhī (Porbandar, 1869-Delhi, 1948), né dans une famille aisée, fit ses études à Ahmadābād puis à Londres, où il devint avocat. Il exerça d'abord à Bombay, puis en Afrique du Sud, où il se fit le défenseur des Indiens contre la politique d'apartheid (1893). De retour en Inde, il mena une vigoureuse campagne anti-anglaise : il prêcha le boycott des produits importés d'Angleterre, demandant à chaque Indien de filer et tisser ses propres vêtements. Il fut plusieurs fois emprisonné pour « désobéissance civile ». Fervent avocat de la doctrine de l'*ahimsā* (non-violence active) et de l'égalité des droits entre les hommes, il réclama la réhabilitation des intouchables. Son influence politique fut très grande sur le Parti du Congrès. Emprisonné pendant la guerre (1942-1944), il participa néanmoins aux négociations pour l'indépendance de l'Inde (15 août 1947). Il fut assassiné le 30 janvier 1948. On lui donne souvent le titre de *Mahātmā* (« grande âme »).

Découvrez, lisez ou relisez l'œuvre de Gandhi :

TOUS LES HOMMES SONT FRÈRES (Folio essais n° 130)

NOTICE

Ce n'est pas tous les jours qu'on voit naître un grand maître. Plusieurs siècles peuvent s'écouler sans assister à l'avènement d'un seul. C'est sa vie qui nous le fait connaître. Car, tout d'abord, il vit, et ensuite, il dit aux autres comment il leur est possible de vivre de la même manière. Gandhi fut l'un de ces maîtres.

La vie de Gandhi a ses racines dans la tradition religieuse de l'Inde, en faisant porter l'accent sur une recherche passionnée de la vérité, un profond respect de la vie, un idéal de détachement, et en se montrant disposé à tout sacrifier à la connaissance de Dieu. Chaque instant de sa vie a été marqué par cette quête de la vérité : « Ma vie, mes actes et mon être tendent à la recherche de ce but. »

La religion de Gandhi avait un fondement rationnel et éthique. Il n'aurait pas accepté une croyance qui ne fît point appel à sa raison ni une injonction qui ne s'imposât point à sa conscience.

Si nous croyons en Dieu, non seulement avec notre intellect, mais de tout notre être, nous aurons à cœur d'aimer toute l'humanité sans distinction de race ou de classe, de nation ou de religion. Nous travaillerons dès lors pour l'unité des hommes. « Toutes mes actions ont leur source dans mon amour inaltérable pour l'humanité. » « *Je n'ai connu aucune distinction entre parents et inconnus, entre compatriotes et étrangers, entre blancs et hommes de couleur, entre hindous et Indiens appartenant à d'autres confessions, qu'ils soient musulmans, Parsis, chrétiens ou juifs. Je peux dire que mon cœur a été incapable de faire de telles distinctions.* » « *Grâce à une longue discipline et à la prière, depuis plus de quarante ans j'ai cessé de ressentir de l'inimitié pour qui que ce soit.* » *Tous les hommes sont frères et aucun être humain ne devrait nous être étranger.*

Ce point de vue conduit naturellement à l'adoption de la non-violence comme le meilleur moyen de résoudre tous les problèmes d'ordre national et international. Gandhi affirmait n'avoir rien d'un visionnaire, mais il disait être un idéaliste pratique. La non-violence n'est pas seulement l'apanage des saints et des sages mais aussi bien de tous les autres hommes. « *La non-violence est la loi de notre espèce, comme la violence est la loi de la brute. L'esprit somnole chez la brute qui ne connaît pour toute loi que celle de la force physique. La dignité de l'homme exige d'obéir à une loi supérieure : à la force de l'esprit.* »

Dans l'histoire de l'humanité, Gandhi est le premier à avoir étendu le principe de la non-violence du plan individuel au plan social et politique. Il s'est mêlé de politique précisément pour connaître les possibilités de la non-violence et établir sa validité.

S. RADHAKRISHNAN.
New Delhi,
15 août 1958.

SOURCES

Les abréviations mentionnées ci-dessous correspondent aux ouvrages dont les extraits ont permis de composer le présent volume :

AMG — *An autobiography or the story of my experiments with Truth*, par M. K. Gandhi, publié par Navajivan Publishing House, Ahmedabad. La première édition comprend deux volumes parus successivement en 1927 et 1939. Nous nous sommes référés à l'édition d'août 1948.

MGP — *Mahatma Gandhi, the last phase*, par Pyarelal. (Navajivan Publishing House, Ahmedabad. En 2 volumes, successivement février 1956 et février 1958.)

MT — *Mahatma, life of Mohandas Karamchand Gandhi*, par D. G. Tendulkar. Publié par Vithalbhai K. Jhaveri & D. G. Tendulkar, Bombay 6, en 8 volumes. Vol. I en août 1951, vol. II en décembre 1951. Vol. III en mars 1952, vol. IV en juillet 1952. Vol. V en octobre 1952. Vol. VI en mars 1953. Vol. VII en août 1953. Vol. VIII en janvier 1954.

CWMG — *The collected works of Mahatma Gandhi*. Publié par The Publications Division, Ministry of Information and Broadcasting, Government of India, New Delhi ; le vol. I a paru en janvier 1958.

MM *The mind of Mahatma Gandhi*, compilé par R. K. Prabhu et U. R. Rao. Publié par Oxford University Press, Londres, en mars 1945.

SB *Selections from Gandhi*, par Nirmal Kumar Bose. Publié par Navajivan Publishing House, Ahmedabad, en 1948.

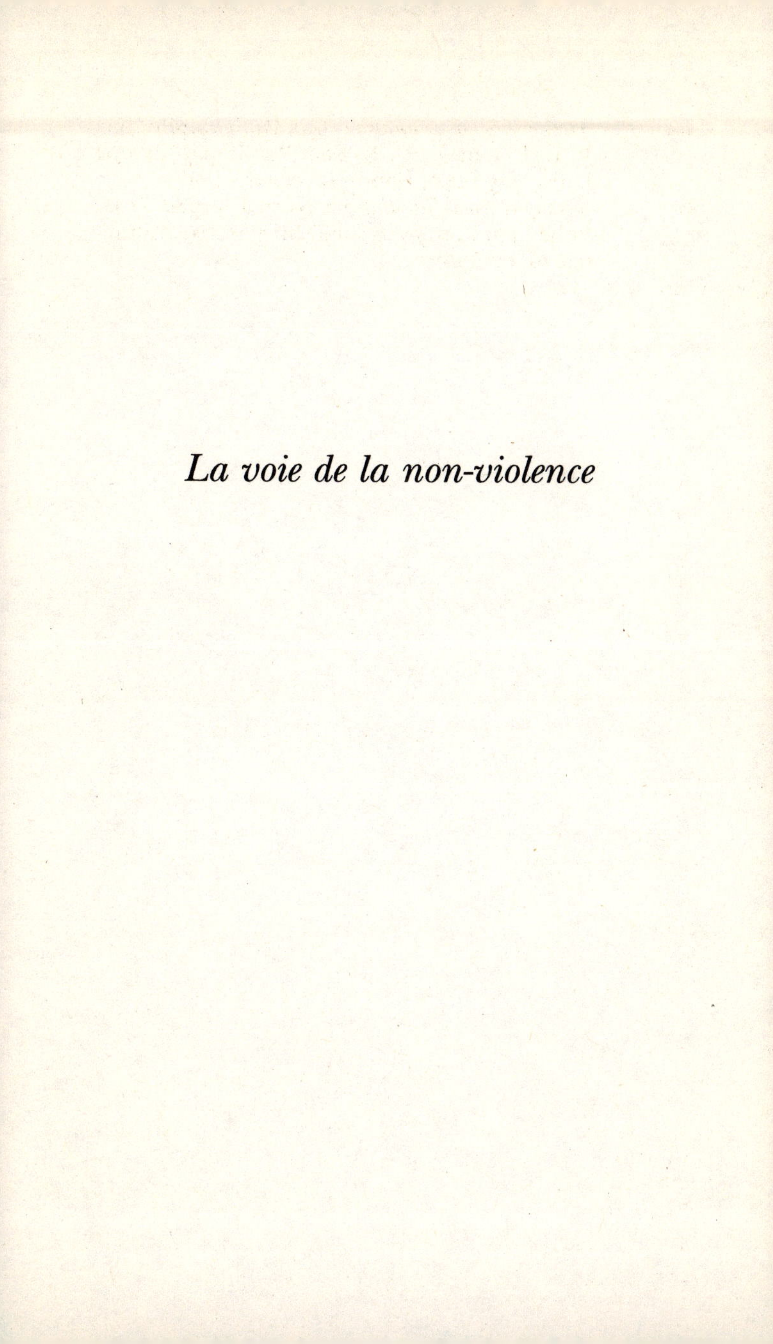

La voie de la non-violence

Je n'ai pas l'intention d'entreprendre ici une véritable autobiographie. Je voudrais simplement raconter l'histoire de mes nombreuses expériences avec la vérité ; et comme elles se confondent avec ma vie, il est vrai que ce récit aura la forme d'une autobiographie. Mais c'est de propos délibéré si les pages qui suivent n'ont trait qu'à ces expériences. (AMG, 4.)

Mes expériences dans le domaine politique sont à présent connues non seulement de l'Inde mais, dans une certaine mesure aussi, du monde « civilisé ». À mes yeux, elles n'ont pas une grande valeur. Et de ce fait, j'en accorde encore moins au titre qu'elles m'ont valu : celui de Mahatma. Souvent j'ai vivement regretté qu'on m'appelât ainsi ; et je ne me souviens pas d'un seul instant où l'on peut dire que cela m'ait flatté. En revanche, c'est avec une joie certaine que je parlerai de mes expériences d'ordre spirituel. Je suis seul à les connaître et c'est d'elles que m'est venue l'énergie qui m'anime dans l'action politique. Il n'y a pas lieu de se glorifier de ces expériences dans la mesure où elles sont de nature vraiment spirituelle. Elles ne peuvent qu'ajouter à mon humilité ; car plus je médite sur mon passé, plus je vois nettement mes limites. (AMG, 4.)

Le but que je m'efforce d'atteindre, coûte que coûte, depuis une trentaine d'années, répond au mot de *moksha*[1]. C'est l'accomplissement de soi, et la vision de Dieu face à face. À cette fin je tends de tout mon être, par ma vie et mes actes. Tout y converge : mes paroles, mes écrits et ce que j'entreprends dans le domaine politique. Or, j'en ai toujours été persuadé, ce que peut l'un de nous, les autres le peuvent. C'est pourquoi, loin d'agir en cachette, j'ai entrepris mes expériences au vu et au su de tous ; ce qui, je pense, n'enlève rien à leur valeur spirituelle. Bien entendu, on ne saurait rendre compte de certaines choses qui ne sont connues que de nous-mêmes et de notre Créateur. Tel n'est pas le cas des expériences que je vais à présent relater. Elles concernent la vie spirituelle, ou plutôt la morale, qui est l'essence de la religion. (AMG, 4-5.)

Je n'ai pas la prétention de considérer ces expériences comme un modèle de perfection.

1. *Moksha* (Moksa) : Détachement de tout lien terrestre ; affranchissement du cycle des renaissances.

Mon attitude à leur égard est, ni plus ni moins, celle d'un savant : en dépit de toute la minutie qu'il apporte à ses expériences et quel que soit leur degré de préparation et de précision, il n'accorde jamais de valeur définitive aux conclusions qu'il en tire, mais se tient prêt au contraire à les remettre en question. J'ai exploré en profondeur les voies de l'introspection, je me suis scruté de fond en comble et j'ai passé au crible chaque situation psychologique. Néanmoins je ne revendique rien de décisif ou d'infaillible au sujet de mes conclusions. Toutefois, il est un point sur lequel je suis catégorique : ces conclusions m'apparaissent à moi comme parfaitement valables et, pour l'instant, elles me semblent définitives. Sinon, je n'en aurais pas fait un point d'appui pour mon action. Mais, à chaque nouveau pas, j'ai tour à tour accepté puis rejeté certaines conclusions pour ensuite agir en conséquence. (AMG, 5.)

Ma vie forme un tout indissociable : un même lien unit toutes mes actions. Elles ont toutes leur source dans un amour inextinguible pour l'humanité. (SB, 45.)

Les Gandhi sont de la caste des *Baniā*[1]. À l'origine, ils semblent avoir tenu un commerce d'épicerie. Mais, depuis trois générations, à

1. *Baniā* : Membre de la troisième caste hindoue. Le commerce est l'activité traditionnelle de cette caste.

commencer par mon grand-père, ils servent comme premier ministre dans différents États du Kathiawad... Mon grand-père devait être un homme de principes. Les intrigues politiques l'obligèrent à quitter Porbandar où il était *Diwān*[1], et à chercher refuge à Junagadh. Là, il salua le *Nawāb*[2] de la main gauche. Quelqu'un, remarquant ce manque apparent de courtoisie, voulut en connaître la raison et reçut pour toute explication : « La main droite est déjà liée par serment à Porbandar. » (AMG, 11.)

Mon père était profondément attaché à son clan ; loyal, courageux et généreux, il s'emportait facilement. Il se peut même qu'il ait été enclin, dans une certaine mesure, aux plaisirs de la chair. Car, passé la quarantaine, il se maria pour la quatrième fois. Mais il était incorruptible, et réputé pour sa stricte impartialité aussi bien avec sa famille que dans sa vie publique. (AMG, 12.)

Le souvenir que je garde de ma mère est dominé par une impression de sainteté. Elle était profondément religieuse. Pour rien au monde elle n'aurait manqué de dire ses prières avant les repas... Elle faisait les vœux les plus exigeants et les observait sans défaillance. La maladie ne lui tenait pas lieu d'excuse pour en être déliée. (AMG, 12-13.)

1. *Diwān* : Premier ministre de l'un des États de l'Inde.
2. *Nawāb* : Dignitaire ou souverain musulman (Nabab).

Je suis né à Porbandar... C'est là que j'ai passé mon enfance. Je me souviens de l'école où l'on m'envoya. Ce n'est pas sans difficulté que je vins à bout de mes tables de multiplication. Je devais avoir l'intelligence bien endormie et la mémoire fort mal exercée ; car je me souviens seulement d'y avoir appris, avec d'autres garçons, à traiter notre professeur de tous les noms. (AMG, 14.)

J'étais très timide ; j'évitais toute société. Je n'avais pour tous compagnons que mes livres de classe. Chaque jour, j'arrivais ponctuellement à l'école et, aussitôt la classe terminée, c'est, littéralement, en courant que je rentrais chez moi ; car, pour rien au monde, je n'aurais voulu parler à qui que ce soit. J'avais même peur qu'on se moquât de moi. (AMG, 15.)

Un incident qui mérite d'être rapporté me revient à l'esprit. Il se produisit au lycée lors de mon examen de première année. L'inspecteur, Mr. Gilles, était venu vérifier nos connaissances. En guise de dictée il nous fit écrire cinq mots. Comme j'avais mal orthographié « bouilloire », notre professeur voulut attirer mon attention en me faisant signe de la pointe du pied. Mais je n'admettais pas qu'on pût me souffler une réponse. Quoi ! on aurait voulu me faire copier sur l'ardoise du voisin alors qu'à mon avis le professeur était là pour nous en empêcher ! En définitive, je me retrouvai le seul de la classe à ne pas avoir écrit correctement tous les mots.

C'était moi le dindon de la farce. Par la suite, notre professeur voulut me faire comprendre ma stupidité. Ce fut en vain. Jamais, je n'ai pu apprendre l'art de « copier ». (AMG, 15-16.)

Il m'est pénible d'avoir à rapporter ici que mes parents me marièrent à l'âge de treize ans. Lorsque je vois autour de moi les enfants du même âge qui me sont confiés, et que je songe à mon mariage, je suis porté à déplorer ce qui m'arriva et à féliciter tous ces garçons d'avoir échappé à mon sort. J'ai beau chercher, je ne vois aucun argument d'ordre moral en faveur d'un mariage aussi ridiculement précoce. (AMG, 18.)

Ce mariage ne semble pas avoir éveillé en moi d'autres perspectives que les beaux habits, le rythme des tambours, les processions, les festins et une petite camarade de jeux que je connaissais bien peu. C'est plus tard que devait naître le désir. (AMG, 19.)

Que dire de cette première nuit passée par deux jeunes innocents qui se trouvaient jetés, sans le savoir, dans le tourbillon de la vie ? La femme de mon frère avait eu bien soin de me dicter l'attitude à observer au cours de cette première nuit. Quant à mon épouse, j'ignore qui la renseigna sur la conduite à suivre. Je ne le lui ai jamais demandé et n'en ai nullement l'intention. En tout cas, le lecteur peut en être certain, nous étions si intimidés que nous n'osions même pas nous regarder. Comment fallait-il lui adresser la parole ? Et que lui dire ? Les recommandations qui m'avaient été prodiguées ne pouvaient pas m'être de grande utilité. D'ailleurs, dans ce domaine, il n'est pas vraiment nécessaire d'être conseillé... Peu à peu, nous apprîmes à nous connaître et à tout nous dire, librement ; nous étions du même âge. En revanche, il ne me fallut pas longtemps pour exercer mon autorité maritale. (AMG, 21.)

Je dois dire que j'aimais passionnément ma femme. Même à l'école, je pensais à elle, toute la journée, et ne vivais que pour la revoir le soir. Je ne pouvais me faire à l'idée de la quitter le matin. J'essayais de la tenir éveillée jusqu'à une heure avancée de la nuit en lui parlant de tout et de rien. Si, à côté de cette brûlante passion, je n'avais pas eu le respect ardent du devoir d'état, je serais tombé malade et mort prématurément, ou alors j'aurais traîné une existence misérable. Mais, heureusement, il me fallait accomplir mes tâches quotidiennes, sans jamais remettre au lendemain. Car, pour rien au monde, je n'aurais voulu mentir. C'est d'ailleurs ce refus du mensonge qui m'a sauvé de bien des embûches. (AMG, 23-24.)

Je ne me faisais guère d'illusions sur mes possibilités. J'étais toujours surpris quand il m'arrivait de remporter un prix ou de mériter une bourse. Mais dès qu'il s'agissait de ma réputation, je devenais des plus susceptibles. À la moindre atteinte qui aurait pu la ternir je fondais en larmes. Quand je méritais des reproches ou que le professeur estimait devoir m'en faire, j'étais au supplice. Je me rappelle avoir subi une fois un châtiment corporel. Les coups reçus me furent moins pénibles que le fait d'avoir été jugé coupable. Je me mis à sangloter de manière pitoyable. (AMG, 26-27.)

Parmi mes rares amis de lycée, il en est deux dont on peut dire qu'ils me furent intimes... Je considère l'une de ces amitiés comme un des épisodes dramatiques de ma vie. Ce lien dura longtemps. Je voyais la chose d'un œil de réformateur. (AMG, 31.)

Je devais m'apercevoir par la suite que c'était un mauvais calcul. Un réformateur ne saurait se permettre d'être l'intime de celui qu'il veut réformer. On rencontre rarement, en ce monde, cette ressemblance qui permet à deux âmes de se lier d'une véritable amitié. Pour qu'elle soit à la fois durable et bénéfique, l'amitié doit naître entre deux natures semblables. Les amis déteignent l'un sur l'autre. Il y a donc fort peu de chances pour que l'un d'eux puisse réformer l'autre. Je suis d'avis qu'il faut éviter toute amitié de nature exclusive car le vice est plus contagieux que la vertu. Celui qui désire être l'ami de Dieu doit rester seul ou avoir le monde entier pour ami. Il se peut que j'aie tort, mais mes efforts pour rendre plus profonde cette amitié se sont soldés par un échec. (AMG, 31-32.)

J'étais fasciné par les performances de cet ami. Il pouvait courir de grandes distances à une vitesse extraordinaire. Il excellait au saut en longueur et en hauteur. Il pouvait supporter les châtiments corporels les plus durs. Souvent il me faisait assister à ses exploits et, comme on est toujours ébloui de voir chez les autres les qualités dont on est soi-même dépourvu, j'étais émerveillé par de telles performances. Il s'ensuivit pour moi un vif désir d'en faire autant. Mais c'est tout juste si j'étais capable de sauter ou de courir. Malgré cela pourquoi ne deviendrais-je pas, à mon tour, aussi fort que lui ? (AMG, 32-33.)

J'étais très peureux. J'avais la hantise des fantômes, des bandits et des serpents. La nuit, je n'osais jamais m'aventurer dehors. L'obscurité me paralysait. Il m'était très difficile de dormir dans le noir. Car, des quatre coins de la chambre, mon imagination faisait surgir fantômes, voleurs et reptiles. Je ne pouvais donc supporter de dormir sans lumière. (AMG, 33.)

Mon ami savait que j'avais tous ces points faibles. Il me disait qu'il pouvait tenir dans sa main des serpents vivants, qu'il était capable de défier des voleurs et qu'il ne croyait pas aux fantômes. Et tout cela, bien sûr, parce qu'il mangeait de la viande. (AMG, 33.)

Cette démonstration ne pouvait manquer de

m'influencer. Je ne tardai pas à être persuadé qu'il était bon de manger de la viande. Cela me rendrait fort et audacieux ; et si le pays tout entier prenait cette habitude on pourrait, un jour, se débarrasser des Anglais. (AMG, 33.)

Quand il m'arrivait de me livrer à ces ripailles clandestines, il m'était impossible, une fois de retour chez moi, d'y prendre mon dîner. Naturellement ma mère me demandait de venir à table. Elle voulait alors savoir pourquoi je ne désirais rien prendre : « Je n'ai pas d'appétit aujourd'hui, lui disais-je. Il y a quelque chose que je n'ai pas bien digéré. » Je n'avais pas la conscience tranquille en inventant de tels prétextes. Je savais que je mentais, et à ma mère en plus. Mais je savais aussi que ce serait un coup terrible pour mes parents s'ils apprenaient que je mangeais de la viande. À cette idée j'étais bourrelé de remords.

En conséquence je me tins le raisonnement suivant : bien qu'il soit nécessaire de manger de la viande et non moins essentiel d'entreprendre à travers le pays une réforme du régime alimentaire, il vaut mieux malgré tout y renoncer car il est encore plus grave de tromper ses parents et de leur mentir. Donc, il n'est plus question de prendre de la viande aussi longtemps qu'ils seront en vie. Quand ils ne seront plus de ce monde je serai libre de retrouver un régime carné sans avoir à me dissimuler. Mais, en attendant, je m'en passerai.

Je fis part de cette décision à mon ami et, depuis, je n'ai plus jamais avalé un seul morceau de viande (AMG, 36.)

Une fois, mon ami me conduisit dans une maison de tolérance, après m'avoir donné toutes les instructions nécessaires. Tout était arrangé d'avance, même la note qui était déjà payée. J'étais donc la proie toute désignée du péché. Mais Dieu, dans son infinie bonté, me protégea de moi-même. Une fois entré dans ce repaire du vice je me sentis comme frappé de cécité et ne pus même plus articuler un son. Je restai assis, à côté de la femme, sur son lit ; impossible de dire le moindre mot. Bien sûr, elle ne tarda pas à s'impatienter et finit par me montrer la porte avec force insultes et injures. Ce fut comme si on m'avait offensé dans ma virilité. De honte j'aurais voulu disparaître sous terre. Mais, depuis, je n'ai cessé de remercier Dieu de m'avoir sauvé. Je me rappelle avoir rencontré au cours de ma vie quatre autres circonstances analogues où c'est à la Providence bien plus qu'à mes propres efforts que je dois d'avoir été sauvé. D'un point de vue strictement moral il faut considérer chacun de ces cas comme autant de chutes de ma part. Car l'intention de satisfaire mon désir était tout aussi coupable que l'acte lui-même. Mais, selon un point de vue fort répandu, on considère comme sauf celui qui n'a pas physiquement commis le péché. C'est en ce sens seulement que j'ai été sauvé. (AMG, 37.)

De même que nous succombons souvent à la tentation, quels que soient nos efforts pour lui résister, de même la Providence intervient non moins fréquemment pour nous sauver malgré nous. Comment cela se fait-il ? Jusqu'où va la liberté de l'homme ? Dans quelle mesure est-il tributaire des circonstances ? Quelles sont les limites du libre arbitre et quel est le rôle de la fatalité dans nos destinées ? Autant de questions qui demeurent sans réponse dans ce domaine où tout est mystère. (AMG, 37.)

La fréquentation de cet ami explique en partie mes différends avec ma femme. J'étais un mari à la fois dévoué et jaloux. Or cet ami, dont je ne pouvais mettre en doute la véracité, attisa le feu de mes soupçons au sujet de ma femme. Je ne me pardonnerai jamais la manière violente et coupable dont j'ai alors réagi vis-à-vis d'elle, au point de l'avoir fait souffrir plus d'une fois. Seule, peut-être, une femme hindoue pouvait tolérer d'être traitée aussi durement. C'est pourquoi la femme incarne à mes yeux l'abnégation. (AMG, 38.)

C'est seulement du jour où j'ai compris l'*ahimsā*[1] dans toute sa signification que j'ai pu

1. *Ahimsā* : Non-violence. D'un point de vue positif, c'est la force de l'amour.

extirper le soupçon qui me rongeait le cœur. Je découvris alors toute la grandeur du *brahmacharya*[1] et compris en même temps que l'épouse n'est pas l'esclave du mari mais une compagne et une collaboratrice appelée à partager ses joies et ses peines tout en restant aussi libre que lui pour choisir sa propre voie. Quand je songe à ces sombres moments pleins de doute et de méfiance, je n'ai que mépris pour les égarements coupables auxquels m'a conduit ma cruelle luxure. Et de ce fait, je déplore le culte aveugle que je vouais à mon ami. (AMG, 38.)

De l'âge de six ou sept ans jusqu'à ma seizième année on m'a enseigné à l'école toutes sortes de choses sauf la religion. Je dois dire que je n'ai rien reçu de ce que mes professeurs auraient pu me donner sans effort. Et pourtant je ne cessais de glaner quelques miettes tout autour de moi. Bien entendu, je donne ici au mot « religion » son sens le plus large de connaissance de soi et d'épanouissement intérieur. (AMG, 47.)

J'ai acquis la ferme conviction que l'éthique est à la base de tout et qu'elle a pour substance la vérité. J'ai d'ailleurs fait de la vérité mon unique objectif. De jour en jour son importance augmentait à mes yeux tandis que je donnais à

1. *Brahmacharya* (Brahma-Carya) : Célibat ; vie d'ascèse et de continence consacrée à la poursuite des buts les plus élevés.

ce mot une signification de plus en plus profonde. (AMG, 50-51.)

Je considère le problème des intouchables comme la plus grande tare de l'Hindouisme. Pour en être persuadé je n'ai pas eu besoin d'attendre les expériences douloureuses que m'a values mon action en Afrique du Sud. Ce n'est pas dû, non plus, à la crise d'agnosticisme que j'ai traversée à un moment donné de ma vie. Il serait tout aussi inexact d'imputer cette idée à ma connaissance des textes de la religion chrétienne. Ces vues sont bien antérieures à l'époque où je me pris d'amitié pour la Bible et la pensée de ses disciples, et même avant d'en avoir pris connaissance.

J'avais tout juste douze ans quand cette idée s'imposa à moi avec l'évidence d'une révélation. Les latrines de notre maison étaient régulièrement nettoyées par un éboueur du nom de Uka. C'était un intouchable. Souvent je demandais à ma mère ce qu'il y avait de mal à vouloir le toucher et pourquoi cela m'était interdit. Si par hasard il m'arrivait de le toucher on me demandait de procéder aux ablutions d'usage. J'obéissais, bien sûr, mais, tout en souriant, j'objectais que la religion n'y voyait aucun mal et que le contraire eût été inconcevable. Mais j'étais un enfant fort obéissant et soucieux de remplir ses devoirs. Sans manquer par conséquent au respect dû à mes parents, j'ai eu plus d'une discussion avec eux au sujet des intouchables. Je disais à ma mère qu'elle se trompait grandement en considérant comme coupable tout contact physique avec Uka. (MT, II, 47-48.)

Je passai mon baccalauréat en 1887. (AMG, 52.)

Ma famille voulait que je poursuive mes études à l'université, ce qui était faisable à Bhavnagar aussi bien qu'à Bombay. Mais on décida de m'envoyer à Bhavnagar où la dépense serait moins élevée. Je me rendis par conséquent à Samaldas College. Arrivé là, je fus complètement noyé. J'avais du mal à suivre les cours, indépendamment de l'intérêt qu'ils pouvaient m'inspirer. La qualité de l'enseignement n'était nullement en cause. Nos professeurs passaient pour être de premier ordre. C'était moi qui avais bien besoin d'être dégrossi. À la fin du premier trimestre je m'en retournai chez moi. (AMG, 52.)

Il se trouva que pendant mes vacances, un vieil ami et conseiller de la famille vint nous rendre visite. Au cours d'une conversation avec ma mère et mon frère aîné, ce brahmane, avisé et érudit, s'enquit de mes études. Lorsqu'il apprit que j'étais à Samaldas College, il s'exclama : « Les temps ont bien changé... si j'étais vous je l'enverrais en Angleterre. Mon fils Kevalram affirme qu'on y devient très facilement avocat. Après un séjour de trois ans, votre fils sera de retour. La dépense atteindra tout au plus quatre à cinq mille roupies. Pensez donc à ce jeune avocat frais émoulu d'Angleterre, pensez à la vie brillante qui l'attend ! Il lui suffirait de lever le petit doigt pour devenir premier ministre de sa province. Je vous conseille très vivement d'envoyer Mohandas en Angleterre dès cette année. » (AMG, 52-53.)

Pour ma mère, ce fut un dilemme douloureux... Quelqu'un lui avait dit que l'Angleterre était un lieu de perdition pour les jeunes gens. Au dire de certains on y prenait l'habitude de manger de la viande et on en venait à ne plus pouvoir se passer d'alcool. « Et toi, me demanda-t-elle, qu'en penses-tu ? » Je lui répondis : « Ne veux-tu pas me faire confiance ? Jamais je ne te mentirai. Je jure que je ne toucherai à rien de toutes ces choses. Est-ce que Joshiji me laisserait partir si c'était si dangereux ? » Je fis le vœu de ne toucher ni aux femmes, ni au vin, ni à la viande. Ceci fait, ma mère me donna son autorisation. (AMG, 54.)

Avant d'avoir effectivement formé le projet d'aller à Londres pour mes études, j'avais déjà nourri en secret l'intention de m'y rendre un jour car je brûlais de curiosité à l'idée de découvrir cette capitale. (CWMG, I, 3.)

Je partis pour l'Angleterre à l'âge de dix-huit ans... Tout m'était étranger : les gens, leurs manières et même leurs maisons. Ignorant tout de l'étiquette des Anglais, je devais me tenir constamment sur mes gardes. Mon vœu de rester végétarien s'ajoutait à ces complications. Les plats auxquels je pouvais toucher me paraissaient fades et insipides. J'étais pris entre deux écueils : d'un côté je ne pouvais pas supporter l'Angleterre, et de l'autre il aurait été inadmissible de retourner en Inde. Maintenant que j'avais fait la traversée, la voix intérieure me disait de rester jusqu'au bout de mes trois ans. (AMG, 63.)

Ma logeuse ne savait plus que me faire pour mes repas... Mon ami[1] ne cessait de me raisonner pour me faire prendre de la viande. Mais chaque fois, j'arguais de mon vœu puis je me taisais... Un jour, cet ami entreprit de me lire la *Théorie de l'Utile* de Bentham. Je n'y comprenais rien. La langue était trop difficile pour moi. Il voulut alors me donner des explications. Je l'interrompis : « Je vous prie de m'excuser. Mais ces choses abstruses me dépassent. J'admets qu'il est nécessaire de manger de la viande mais il m'est impossible de revenir sur mon vœu. Cela ne se discute pas. » (AMG, 64-65.)

Chaque jour, d'un pas rapide, je parcourais quinze à vingt kilomètres pour aller dans un restaurant bon marché où je me bourrais de pain sans jamais pouvoir me rassasier. C'est au cours de ces pérégrinations qu'il m'arriva un jour de tomber sur un restaurant végétarien, dans Far-

1. Un monsieur avec qui il était resté un mois à Richmond.

rington Street. En faisant cette découverte je ressentis la joie d'un enfant dont le souhait le plus cher aurait été exaucé. Je remarquai près de la porte des livres exposés en vitrine. L'un d'eux était le *Plaidoyer pour le végétarisme* de Salt. Je me le procurai pour la somme d'un shilling et m'installai à une table. Depuis mon arrivée en Angleterre c'était le premier repas que je mangeais avec cœur. Dieu m'était venu en aide.

Je lus le livre de Salt sans en manquer une seule ligne. Cette lecture exerça sur moi une grande influence car je peux dire qu'à partir de ce moment-là je devins un végétarien convaincu. Je bénissais le jour où j'avais prononcé ce vœu devant ma mère. Jusqu'alors je m'étais abstenu de toute chair animale pour ne pas avoir à mentir et pour rester fidèle à mon vœu. Mais, en même temps, il me tardait de voir le jour où je pourrai librement et ouvertement reprendre de la viande et où j'aurai des adeptes autour de moi pour convertir les autres Indiens au régime carné. À présent, au contraire, je venais de prendre la décision de défendre la cause du végétarisme. (AMG, 66-67.)

Un converti est autrement plus zélé pour sa nouvelle religion qu'une personne qui s'y trouve accoutumée depuis la naissance. À cette époque, en Angleterre, le végétarisme était l'objet d'un culte nouveau. Il en était de même pour moi. Par conséquent, enthousiaste comme peut l'être un néophyte, je décidai de créer un club végétarien, dans mon quartier, à Bayswater. J'invitai Sir Edwin Arnold, qui n'habitait pas loin, à en devenir le vice-président. La présidence revint au docteur Oldfield, rédacteur du *Végétarien.* Quant à moi, j'assurai le secrétariat. (AMG, 79-80.)

Du jour où je fus élu au Comité Exécutif de la Société Végétarienne, j'eus à cœur d'assister à toutes les séances. Mais je n'osais jamais dire un mot... Et pourtant, plus d'une fois j'ai été tenté de prendre la parole. J'étais complètement perdu dès que je devais parler en public. Tout au long de mon séjour en Angleterre, je n'ai jamais pu me défaire de cette timidité. Même en visite, il me suffisait d'être entouré d'une demi-douzaine de personnes pour ne plus pouvoir desserrer les dents. (AMG, 81-82.)

Je dois dire qu'en dehors des cas où elle m'exposa au ridicule, cette timidité insurmontable n'a jamais tourné à mon désavantage. Bien au contraire, j'ai mis ce handicap à profit en apprenant à devenir concis. Jadis je cherchais mes mots. Aujourd'hui je prends plaisir à en réduire le nombre. (AMG, 84.)

En 1890, une grande exposition se tenait à Paris. Mes lectures m'avaient appris que les préparatifs avaient été considérables. Par ailleurs je brûlais d'envie de voir cette ville. Autant donc faire d'une pierre deux coups et profiter de cette occasion pour m'y rendre. L'une des principales attractions de l'exposition était la Tour Eiffel, entièrement construite en fer et haute de 300 mètres. Il y avait, bien sûr, d'autres curiosités, mais la palme revenait à cette tour, dans la mesure où l'on imaginait mal comment un édifice de cette taille pouvait tenir d'aplomb. (AMG, 101.)

Hormis une impression de gigantisme et de variété, j'ai tout oublié de cette exposition. J'ai gardé un souvenir précis de la Tour Eiffel, parce que je l'ai escaladée deux ou trois fois. J'ai même gaspillé sept shillings au restaurant du premier étage pour le plaisir de dire que j'avais déjeuné à cette altitude considérable.

Les vieilles églises de Paris sont encore présentes à mon esprit. Comment pourrait-on oublier la paix qui s'en dégage et la grandeur qu'elles inspirent ? Et Notre-Dame, cette merveille d'architecture ! La perfection de ses lignes à l'intérieur et la beauté des sculptures laissent un souvenir ineffaçable. À mon avis, ceux qui ont dépensé des fortunes à édifier ces cathédrales vraiment divines ne pouvaient qu'avoir le cœur débordant d'amour pour Dieu. (AMG, 101.)

Je dois ajouter une remarque à propos de la Tour Eiffel. Je ne sais pas l'utilité qu'elle peut avoir aujourd'hui. Mais à l'époque, j'entendis formuler à son sujet autant de critiques que d'éloges. Tolstoï, qui était son détracteur le plus acharné, voyait dans ce monument un témoignage de folie plutôt que de sagesse. Il soutenait que le tabac était le pire des toxiques dans la mesure où ceux qui s'y adonnent sont parfois poussés à commettre des crimes devant lesquels même un ivrogne hésiterait. L'alcool rend fou, précisait-il, mais le tabac obscurcit l'esprit et fait construire des châteaux en Espagne. La Tour Eiffel avait été imaginée sous l'empire de ce stupéfiant. Dépourvue de toute recherche artistique, cette création ne contribuait en rien à la beauté de l'exposition. Mais, comme il s'agissait là d'une nouveauté aux dimensions uniques, on s'y pressait en foule pour la voir et en faire l'ascension. C'était le jouet de l'exposition. Or les jouets nous attirent aussi longtemps que nous restons enfants. La tour est la meilleure preuve que nous sommes tous des enfants que les hochets séduisent encore. Il se peut que sa seule raison d'être ait été de nous faire cette démonstration. (AMG, 102.)

Après avoir passé mes examens, je fus admis au Barreau le 10 juin 1891 et inscrit, le 11, sur les registres de la Cour d'Appel. Le 12 enfin, je prenais le bateau du retour. (AMG, 105.)

Mon frère aîné avait fondé de grands espoirs sur moi. Très attiré par les richesses et la célébrité, il était par ailleurs généreux, au point d'être prodigue. Comme, en plus, il était d'une grande simplicité, il avait su s'attirer de nombreux amis et il comptait sur eux pour me trouver des affaires à plaider. Persuadé qu'il me fallait une clientèle considérable, il réservait le plus clair de son actif aux dépenses du train de maison. Il avait en même temps remué ciel et terre pour faciliter les débuts de ma carrière. (AMG, 115.)

Mais il me fut impossible de tenir plus de quatre ou cinq mois à Bombay car aucune rentrée ne venait équilibrer un budget de plus en plus lourd.

Tels furent mes premiers pas dans la vie. Je pris en aversion ce métier d'avocat qui exigeait beaucoup plus de mise en scène que de connaissances et je me sentis écrasé par le poids de ma responsabilité. (AMG, 118.)

Déçu, je quittai Bombay pour m'installer à Rajkot où j'ouvris un cabinet à mon compte. Je ne m'en tirai pas trop mal. Les requêtes et les mémoires que je rédigeais me rapportaient environ 300 roupies par mois. (AMG, 123.)

Entre-temps une maison de commerce de Porbandar adressa une dépêche à mon frère pour lui faire la proposition suivante : « Nous sommes en relations d'affaires avec l'Afrique du Sud. Notre établissement est très important. Il se trouve engagé dans un procès où nous réclamons 40 000 livres de dommages-intérêts. L'enjeu est donc considérable. Mais l'affaire traîne en longueur. Nous avons fait appel aux services des *vakîls*[1] et des avocats les plus compétents. Si vous consentiez à y envoyer votre frère cela nous rendrait service ainsi qu'à lui-même. Il serait bien plus qualifié que nous pour donner des instructions utiles à notre conseil ; sans compter l'avantage qu'il y aurait pour lui à découvrir un autre continent et à étendre le champ de ses relations. » (AMG, 128.)

Somme toute, il s'agissait de se rendre là-bas bien plus en tant qu'employé de cette firme que comme avocat. Mais, de toute façon, je souhaitais quitter l'Inde. En outre, j'étais attiré par les perspectives d'une expérience nouvelle et les promesses d'un autre pays. Par la même occasion je pourrais aider mon frère à boucler son budget en lui envoyant les 105 livres prévues par mon contrat. Je donnai donc mon accord sans tergiverser et fis aussitôt mes préparatifs pour le départ. (AMG, 129.)

Au moment de m'embarquer, la tristesse de la séparation ne me fut pas aussi cruelle que la première fois lorsque je partis pour l'Angleterre. En effet, je venais de perdre ma mère ; d'autre part, je commençais à connaître le monde. J'avais maintenant quelque expérience du monde et des voyages à l'étranger et le déplacement entre Rajkot et Bombay m'était familier. En revanche, j'avais le cœur serré à l'idée de quit-

1. *Vakîl* : Plaideur, avocat.

ter ma femme. Depuis mon retour d'Angleterre je lui avais donné un deuxième enfant. Notre amour n'était pas exempt de toute sensualité, mais il avait peu à peu gagné en pureté. Tous ces derniers temps nous avions très peu vécu ensemble ; et comme j'avais décidé de devenir son professeur, malgré ma médiocrité, pour l'aider à opérer certaines réformes, nous sentions tous deux la nécessité de nous revoir plus souvent, ne serait-ce que pour mener à bien notre programme. Cette séparation me parut malgré tout supportable grâce à l'attrait qu'exerçait sur moi l'Afrique du Sud. (AMG, 130.)

Le port qui dessert la province du Natal s'appelle Durban, connu également sous le nom de Port-Natal. Abdulla Sheth était là pour m'accueillir. Tandis que le bateau accostait et que des gens montaient à bord pour aller au-devant de leurs amis je m'aperçus qu'on avait bien peu d'égards pour les Indiens. Ceux qui connaissaient Abdulla Sheth en usaient avec lui d'une manière arrogante qui ne put m'échapper et qui me heurta vivement. Abdulla, lui, n'y faisait même plus attention. Certains me dévisagèrent avec une curiosité mal dissimulée. Il est vrai que ma redingote et mon turban me singularisaient des autres Indiens. (AMG, 134.)

Deux ou trois jours après mon arrivée, Abdulla me conduisit au palais de justice de Durban. Il me présenta à différentes personnes et me fit asseoir à côté de son fondé de pouvoir. Le magistrat ne cessait de fixer les yeux sur moi et finit par me demander de retirer mon turban. Je refusai et me retirai. (AMG, 135.)

Au bout d'une semaine je quittai Durban pour me rendre à Pretoria. On m'avait réservé une place en première classe... Vers 9 heures du soir le train arriva en gare de Maritzburg, capitale du Natal. C'est à cette station qu'on fournissait aux voyageurs des couvertures pour la nuit. Un employé des chemins de fer me demanda si j'en voulais. « Non, lui dis-je, j'en ai déjà une. » Il n'insista pas ; mais quelques instants après je vis arriver un voyageur qui se mit à m'examiner des pieds à la tête. Il était exaspéré de voir que j'étais un « homme de couleur ». Il s'éloigna pour revenir accompagné de deux agents de l'administration. Ils ne dirent pas un mot jusqu'au moment où arriva un troisième agent qui me dit : « Suivez-moi, votre place est dans le compartiment du fourgon.

— Mais j'ai un billet de première classe.

— Peu importe. Je vous dis d'aller vous installer dans le fourgon.

— Et moi je vous réponds qu'on m'a laissé monter dans ce compartiment à Durban. Je ne bougerai pas d'ici.

— C'est ce que nous allons voir. Si vous ne quittez pas ce compartiment, je fais venir un agent de police pour vous expulser d'ici.

— Eh bien, allez-y ! Je me refuse à partir de moi-même. »

Effectivement un agent de police arriva en renfort. Il me saisit le bras et me tira dehors, moi et mes bagages. Comme je refusai de gagner l'autre compartiment, le train partit sans m'attendre. J'allai dans la salle d'attente, ne prenant avec moi que mon nécessaire de voyage. La compagnie s'était occupée des autres valises que j'avais laissées sur le quai.

Nous étions alors en hiver. Le froid est très rigoureux en cette saison sur les hauts plateaux, d'autant plus que l'altitude de Maritzburg est très élevée. Mon manteau était resté dans mes bagages. Je n'osais pas aller le demander de peur de me faire encore insulter. Je restai donc à grelotter de froid toute la nuit. La salle d'attente n'était même pas éclairée. Vers minuit, un autre voyageur vint également s'y réfugier. Je crois qu'il aurait bien aimé lier conversation avec moi. Mais je n'étais vraiment pas d'humeur à parler.

Quel était mon devoir en pareille circonstance ? Fallait-il que je lutte pour défendre mes droits ou que je retourne en Inde ? ou bien devais-je ignorer ces insultes, poursuivre ma route jusqu'à Pretoria et regagner mon pays aussitôt après le procès ? Ce serait une lâcheté de repartir sans avoir rempli mon contrat. L'affront que je venais de subir n'était que superficiel ; ce n'était que le symptôme d'un mal plus profond dû au préjugé de couleur. Je devais essayer, dans toute la mesure du possible, d'attaquer ce mal à la racine tout en acceptant les épreuves que cela m'occasionnerait. Au cours de cette tentative je ne devais chercher à redresser les torts que dans la mesure où cela serait nécessaire pour détruire le préjugé racial.

Je décidai par conséquent de prendre le premier train pour Pretoria. (AMG, 140-141.)

Ma première décision fut de convoquer à une réunion tous les Indiens de Pretoria, pour leur exposer les problèmes de leur condition au Transvaal. (AMG, 157.)

Je peux dire que ce fut là mon premier discours en public. J'avais assez bien préparé mon sujet qui traitait de la loyauté en affaires. J'avais toujours entendu les commerçants me dire que la vérité n'était pas conciliable avec leur métier. Je n'étais nullement de cet avis et n'en ai toujours pas changé. Encore aujourd'hui, j'ai des amis commerçants, qui estiment la vérité incompatible avec les affaires. Selon eux, il s'agit là de deux domaines distincts : d'un côté, la vérité qui est affaire de religion, et de l'autre, le commerce qui est tributaire des exigences pratiques de la vie. Ils ajoutent que la vérité n'est bonne à dire que si elle ne nuit pas à la bonne marche des affaires. Je contestai vigoureusement, dans mon discours, cette manière de voir les choses et j'essayai d'éveiller mes auditeurs au sens de leur devoir en montrant que leur responsabilité à l'égard de la vérité était d'autant plus grande dans un pays étranger ; car c'est sur la conduite d'un petit groupe d'Indiens qu'on jugeait des millions de compatriotes. (AMG, 157-158.)

Il existait un règlement concernant le droit d'emprunter les trottoirs. J'allais m'en apercevoir à mes dépens. Pour aller me promener à la campagne, j'avais l'habitude de passer par President Street. Le président Kruger habitait dans cette rue une petite maison simple et modeste, sans jardin, et que rien ne distinguait des autres demeures du voisinage. Quelle différence avec les somptueuses propriétés de bien des millionnaires de Pretoria ! En fait, la simplicité du président Kruger était proverbiale. Seule la présence d'un piquet de police devant sa maison indiquait qu'il s'agissait d'une personnalité officielle. Je passais presque toujours, devant la patrouille de garde, sur le trottoir. Cela ne donnait lieu à aucun incident et ne soulevait pas la moindre difficulté. Mais, une fois, la sentinelle, sans crier gare et sans même me sommer de quitter le trottoir, me poussa d'un coup de pied au milieu de la chaussée. Je demeurai stupéfait. Et avant même d'avoir eu le temps de demander des explications, je fus interpellé par Mr. Coates qui passait à cheval à ce moment-là : « Gandhi, j'ai vu toute la scène. Je me ferai le plaisir d'être votre témoin si vous avez l'intention de poursuivre cet individu en justice. Je suis outré de voir qu'on ait pu vous traiter d'une manière aussi odieuse.

— Ne vous scandalisez pas, lui répondis-je. Ce pauvre homme ne peut pas savoir. Pour lui tous les gens de couleur sont les mêmes. Il n'aurait sans doute pas agi autrement avec un nègre. Je me suis fait une règle de ne jamais aller en justice dès lors qu'il s'agit d'une offense purement personnelle. Je n'intenterai donc aucun procès contre lui. » (AMG, 162-163.)

À la suite de cet incident, je pris bien plus à cœur la situation des Indiens qui étaient venus s'établir dans ce pays... Je fis une étude approfondie de leurs dures conditions de vie non seulement par des lectures et de nombreux contacts mais aussi par mon expérience personnelle. Je m'aperçus qu'un Indien soucieux de sa dignité personnelle n'avait pas sa place en Afrique du Sud. Je m'inquiétais de plus en plus de savoir comment on pouvait remédier à cette situation. (AMG, 163-164.)

Mon séjour d'un an à Pretoria fut une des expériences les plus décisives de ma vie. C'est là que j'eus l'occasion de m'initier aux affaires publiques et d'y acquérir une certaine compétence. À cette époque aussi, l'esprit religieux qui m'animait devint pour moi une source d'énergie. Enfin, c'est également à Pretoria que j'appris vraiment à exercer mon métier d'avocat. (AMG, 165.)

J'avais compris que le véritable rôle de l'avocat est de chercher à réconcilier les deux parties en présence. J'en étais si convaincu que j'ai consacré une bonne partie de mes vingt années d'exercice à régler une centaine d'affaires par des transactions acceptées à l'amiable. Je n'y perdis aucun argent et certainement pas mon âme. (AMG, 168.)

Le cœur voit toujours exaucé son désir le plus sérieux et le plus pur. J'ai pu m'en rendre compte à plusieurs reprises. Mon souhait le plus cher était de servir les pauvres. Or j'ai toujours été amené à vivre parmi eux au point de m'identifier à leur cause. (AMG, 190.)

Je n'avais alors que trois ou quatre mois d'expérience et le Congrès[1] en était à ses balbutiements. Un jour, je reçus la visite d'un Tamoul en loques, sa coiffure à la main, tout tremblant et pleurant, la bouche en sang et deux incisives cassées. Mon secrétaire, qui était lui aussi Tamoul, m'apprit que cet homme, du nom de Balasundaram, avait été affreusement brutalisé par le maître. Ce dernier, un Européen bien connu, qui résidait à Durban, s'était emporté contre Balasundaram et, perdant tout contrôle,

1. Le Congrès Indien du Natal, créé par Gandhi pour s'opposer au projet de loi visant à exclure les Indiens du droit de vote.

l'avait roué de coups au point de lui briser deux dents.

Je l'envoyai chez un docteur. À cette époque il n'y avait que des docteurs blancs et je voulais un certificat médical attestant la nature des blessures. Ce fut possible et, immédiatement après, j'emmenai la victime chez un magistrat. Celui-ci prit connaissance de la déclaration sous serment de Balasundaram et, indigné, il assigna aussitôt l'employeur. (AMG, 190-191.)

Balasundaram servait chez un maître sous contrat d'immigrant. Tous ceux qui se trouvaient dans la même situation eurent tôt fait d'apprendre ce qui venait de se passer avec Balasundaram. Ils ne tardèrent pas à me considérer comme leur ami, ce dont je fus très heureux. Mon bureau ne désemplissait plus. Les travailleurs sous contrat y défilaient en permanence. C'était pour moi la meilleure occasion d'apprendre à connaître leurs joies et leurs peines. (AMG, 191-192.)

Je n'ai jamais pu comprendre comment on pouvait se sentir honoré de voir ses semblables humiliés. (AMG, 192.)

Si je me suis entièrement consacré au service de la communauté c'est afin de mieux répondre aux exigences de ma vie intérieure. J'avais fait de ma volonté de servir ma propre religion. Je sentais que c'était là le seul moyen pour aller à Dieu. Or, servir, pour moi, c'était servir l'Inde parce que cela s'était présenté ainsi, tout simplement, sur mon chemin et que j'avais certaines aptitudes pour répondre à cet appel. Je m'étais rendu en Afrique du Sud par goût des voyages, pour échapper aux intrigues du Kathiawad et pour gagner ma vie. Mais en même temps, je cherchais Dieu et la plénitude intérieure. (AMG, 197.)

Je ne crois pas avoir rencontré quelqu'un qui ait eu autant de loyauté que moi à l'égard de la Constitution britannique. Je m'en rends compte maintenant, mon amour de la vérité était à la racine de ce loyalisme qui n'avait rien de simulé. L'apparence des vertus ne m'a jamais satisfait. Il était d'usage au Natal de chanter l'hymne national des Anglais à l'occasion de chaque réunion. Je sentais qu'il était de mon devoir de joindre ma voix à celle des autres. Et pourtant je n'ignorais rien des déficiences de l'autorité britannique ; mais, dans l'ensemble, elle me paraissait acceptable. Je pensais, à l'époque, qu'il y avait plus d'avantages que d'inconvénients à s'y soumettre.

Le préjugé racial qui existait en Afrique du Sud était, à mon avis, contraire aux traditions britanniques. J'y voyais une anomalie temporaire et limitée à une région. Je rivalisais donc de loyalisme avec les Anglais à l'égard de la Couronne. Je m'étais appliqué avec persévérance à apprendre l'air du « God save the Queen » pour le chanter à chaque occasion. Dès qu'il y avait lieu de faire preuve de loyalisme je n'hésitais pas, en me gardant évidemment de toute ostentation.

Je n'ai jamais de ma vie cherché à tirer avantage de ce loyalisme. J'y voyais surtout une sorte d'obligation morale dont je devais m'acquitter sans en attendre de récompense. (AMG, 212.)

Cela faisait trois ans que j'étais en Afrique du Sud. J'avais appris à connaître les habitants de ce pays et eux, à leur tour, me connaissaient bien. En 1896, je demandai de retourner en Inde pour une durée de six mois afin de revenir ensuite m'installer ici avec ma femme et mes enfants. Car, à présent, j'avais une clientèle importante et je m'étais rendu compte qu'on avait besoin de moi (AMG, 205.)

C'était ma première traversée en compagnie de ma femme et de mes enfants... À cette époque-là, je croyais que pour paraître civilisé il fallait autant que possible s'habiller et vivre à l'européenne. C'était d'ailleurs à mon avis le seul moyen d'obtenir ce minimum d'audience sans lequel il n'était pas possible de jouer un rôle utile pour la communauté... Je fixai par conséquent moi-même la manière dont ma femme et mes enfants devraient s'habiller... Étant donné qu'il eût été excessif d'avoir exactement les mêmes vêtements qu'un Européen, nous adoptâmes le style des Parsis qui passaient pour les plus civilisés des Indiens... Pour la même raison, mais avec encore moins d'entrain, ils apprirent à se servir à table d'un couteau et d'une fourchette, instruments qu'ils rejetèrent le jour où prit fin mon engouement pour ces signes de civilisation. Mais, après avoir pris ces nouvelles habitudes, il n'était peut-être pas moins pénible de revenir à notre premier style de vie. Il va de soi qu'aujourd'hui nous nous sentons d'autant plus libres et légers que nous avons renoncé au clinquant de cette « civilisation ». (AMG, 229-230.)

On jeta l'ancre dans le port de Durban le 18 ou le 19 décembre 1896. (AMG, 231.)

Mais notre bateau reçut l'ordre de rester en quarantaine pour une durée de vingt-trois jours à compter du départ de Bombay. Cette mesure n'avait pas été décidée que pour des raisons d'ordre sanitaire.

Elle s'expliquait en partie par l'agitation provoquée parmi les Européens de Durban pour obtenir notre rapatriement... En fait, on voulait contraindre les passagers à faire demi-tour, par certaines mesures d'intimidation ou en faisant pression sur la Compagnie. En effet les menaces ne tardèrent pas : « Si vous ne repartez pas, on n'hésitera pas à vous rejeter à la mer. Mais si vous acceptez de vous en retourner, on serait disposé à rembourser le prix de votre traversée. » Pendant ce temps-là, je n'arrêtais pas d'aller et venir pour soutenir le moral des passagers. (AMG, 232-233.)

À la fin, les passagers et moi, nous fûmes l'objet d'un ultimatum. On nous mit en demeure de nous soumettre, si nous voulions nous en tirer avec la vie sauve. Pour toute réponse nous fîmes valoir notre droit à débarquer à Port-Natal et nous fîmes savoir que nous userions de ce droit envers et contre tous.

Au bout du vingt-troisième jour, on nous laissa entrer dans le port et l'ordre fut donné d'autoriser les passagers à débarquer. (AMG, 235.)

À peine avions-nous posé le pied à terre que des jeunes gens me reconnurent et se mirent à crier : « C'est Gandhi, c'est lui ! » Aussitôt, une demi-douzaine d'hommes accoururent pour se joindre à ce concert de vociférations... À mesure que j'avançais, la foule se faisait plus dense, jusqu'au moment où il me fut impossible de faire un pas de plus... Alors ils me jetèrent des pierres, des morceaux de briques et des œufs pourris. Quelqu'un m'arracha mon turban tandis qu'un autre me bourra de coups de poing et de pied. J'étais au bord de l'évanouissement, me retenant à la grille d'une maison et essayant de reprendre mon souffle. Mais on ne m'en laissa pas le temps. Les coups pleuvaient de tous côtés. C'est alors qu'intervint la femme du préfet de police. Elle me connaissait et passait là par hasard. Courageusement elle ouvrit son ombrelle bien qu'il n'y eût pas de soleil et s'interposa entre la foule et moi. Ceci mit un terme à la fureur de tous ces excités car il leur était difficile de m'envoyer des coups sans blesser en même temps Mrs Alexander. (AMG, 236-237.)

Le secrétaire d'État aux Colonies était alors Mr. Chamberlain. À la suite de ces troubles il envoya un câble au gouvernement du Natal afin de faire poursuivre mes agresseurs. Mr. Escombe me convoqua pour me dire combien il regrettait les mauvais traitements dont j'avais été victime, et il ajouta : « Croyez bien que je ne saurais me réjouir de la moindre égratignure faite à votre personne... Si vous pouvez identifier vos agresseurs je n'hésiterai pas à les arrêter pour qu'on les juge. C'est ce que désire également Mr. Chamberlain. » Ma réponse fut la suivante : « Je ne désire poursuivre personne. Il se pourrait fort bien que je parvienne à identifier un ou deux de mes agresseurs ; mais à quoi bon les punir ? D'ailleurs, ce ne sont pas eux qui sont à blâmer. On leur a fait croire que pendant mon séjour en Inde j'ai calomnié les blancs du Natal. S'ils ont prêté foi à de telles informations leur colère n'a rien de surprenant. Ceux qu'il faut blâmer, ce sont leurs chefs et, si vous m'autorisez à le dire, vous aussi. Vous auriez pu informer l'opinion comme il faut mais vous-même vous avez cru Reuter et imaginé que j'avais envenimé les choses à souhait. Je ne veux obliger personne à reconnaître ses torts. Je suis certain qu'une fois la vérité connue, tous ces gens regretteront d'avoir agi ainsi. » (AMG, 239-240.)

Le dernier jour de quarantaine, sitôt le pavillon jaune amené, un journaliste du *Natal Advertiser* était venu me poser de nombreuses questions, ce qui me donna l'occasion de réfuter point par point les différentes accusations portées contre moi... Mes réponses et mon refus de poursuivre mes agresseurs firent une impression si profonde que les Européens de Durban eurent honte de leur conduite. La presse proclama mon innocence et condamna les fauteurs de troubles. Ainsi ce lynchage s'avéra, en définitive, être une bénédiction pour moi et partant pour la cause des Indiens ; le prestige de la communauté qu'ils formaient en Afrique du Sud s'en trouva en effet rehaussé, ce qui facilita d'autant mon action. (AMG, 241.)

Au point de vue professionnel ma compétence s'affirmait de jour en jour, mais ce genre de progrès était loin de me satisfaire... Je n'avais de cesse que je n'eusse trouvé une activité humanitaire à laquelle je pourrais entièrement me consacrer... Au début je trouvai le temps de me rendre utile dans un petit hôpital, à raison de deux heures le matin en comptant les déplacements pour m'y rendre et m'en retourner. Ce travail me rasséréna quelque peu. J'interrogeais les patients pour savoir ce dont ils se plaignaient puis je transmettais ces indications au docteur et veillais à l'exécution des ordonnances. Cela me rapprocha davantage de tous ces Indiens qui souffraient. La plupart étaient des Tamouls, des Telugus ou des Indiens du Nord, qui travaillaient sous contrat. J'y acquis une expérience qui me fut très utile pendant la guerre des Boers, lorsque j'offris mes services pour soigner les soldats blessés et malades. (AMG, 249-250.)

Mes connaissances d'infirmier furent mises à dure épreuve pour la naissance de notre dernier enfant. Ma femme eut brusquement des douleurs symptomatiques. Or le docteur ne pouvait venir que bien plus tard. Quant à la sage-femme, on perdit un certain temps en allant la chercher et, de toute façon, même si elle avait été sur place, elle aurait été incapable d'aider à l'accouchement. Ce fut donc à moi de veiller à ce que toute l'opération se déroulât sans incident fâcheux. (AMG, 250.)

Je suis convaincu que pour bien élever ses enfants, il faut savoir comment on soigne un bébé. À plusieurs reprises, j'ai vu les avantages qu'il y avait à étudier attentivement toutes ces questions. Si j'avais négligé ce point et si je n'avais su tirer parti de mes connaissances, mes enfants ne jouiraient pas aujourd'hui d'une santé aussi bonne. Nous sommes victimes d'une sorte de superstition qui nous fait croire que l'enfant n'a rien à apprendre les cinq premières années de sa vie. C'est le contraire, car, par la suite, l'enfant n'aura plus jamais l'occasion d'apprendre les leçons que nous enseignent ces cinq premières années. Son éducation commence le jour même de sa conception. (AMG, 250-251.)

Le couple conscient de ses devoirs n'aura jamais de rapports sexuels pour le seul plaisir charnel, mais uniquement pour répondre au désir d'avoir un enfant. Je trouve qu'en ce domaine le comble de l'ignorance est de croire que l'acte sexuel répond à une nécessité indépendante de toute autre considération, comme le fait de dormir ou de manger. Or ces considérations existent : la population du globe n'augmentera de manière harmonieuse que si l'homme maîtrise son instinct génésique. Le sort de notre planète en dépend et le devoir nous incombe d'autant plus que le monde est un miroir où Dieu aime à voir jouer les reflets de Sa propre gloire. Celui qui est persuadé du bien-fondé de cette exigence contrôlera, coûte que coûte, son activité sexuelle, sans oublier d'acquérir les connaissances nécessaires au développement spirituel, intellectuel et physique de ses enfants. Il veillera enfin à ce que ce patrimoine de sagesse soit transmis à la postérité. (AMG, 251.)

Après en avoir longtemps débattu et mûrement délibéré, je me décidai, en 1906, à faire le vœu de *brahmacharya*. Jusqu'alors je n'en avais pas parlé à ma femme. Je ne la consultai qu'au moment de prendre cet engagement. Elle ne souleva aucune objection. Mais de mon côté il me fut très difficile de prendre cette résolution pour toujours. Je ne m'en sentais pas la force. Comment ferais-je pour contrôler mes passions ? N'était-il pas anormal de vouloir renoncer à tout rapport sexuel avec sa femme ? Néanmoins, je n'hésitai plus à me lancer dans cette aventure avec la foi que Dieu me viendrait en aide.

Il y a de cela une vingtaine d'années. Je peux à présent en conclure que ma fidélité à ce vœu m'a comblé de joie et d'émerveillement. Déjà, à partir de 1901, je m'étais exercé avec plus ou moins de succès à maîtriser mes désirs. Mais il m'aura fallu attendre jusqu'en 1906 pour connaître la liberté et la joie qu'apporte ce vœu. Avant de m'engager à le tenir je risquais à tout instant d'être vaincu par la tentation. Depuis, ce vœu me tient lieu de bouclier en présence du danger. (AMG, 256.)

Mais si ma joie allait en augmentant, il ne faut pas croire que ce fut là, pour moi, chose facile. Même aujourd'hui où j'ai cinquante-six ans, le respect de ce vœu ne va pas sans difficulté. De jour en jour je m'aperçois davantage que cette entreprise est aussi délicate que marcher sur le fil d'une épée. À chaque instant il est nécessaire de renouveler une perpétuelle vigilance.

J'ai remarqué que, pour faciliter l'observance

de ce vœu, il était essentiel de maîtriser tout d'abord le sens du goût en renonçant aux plaisirs de la table. C'est pourquoi je tentai d'autres expériences de diététique non seulement en tant que végétarien mais aussi pour mieux répondre aux exigences du vœu de *brahmacharya*. (AMG, 257.)

Certains soutiennent que notre nourriture n'affecte nullement l'âme, puisque celle-ci ne boit ni ne mange ; ce qui compte ne vient pas de l'extérieur mais sort de notre cœur. Cet argument, sans doute, ne manque pas de force. Mais plutôt que de m'attarder à en discuter la valeur, je me contenterai de faire état de ma ferme conviction en ce domaine : diminuer en qualité et en quantité son régime alimentaire est aussi nécessaire que contrôler ses pensées et tenir sa langue, si on veut vivre dans cette crainte de Dieu qui nous conduira un jour à Le voir face à face. (AMG, 334.)

Au début ma vie avait connu un certain confort ; mais ces aises furent de courte durée. Malgré les soins que j'avais mis à meubler la maison, je ne m'y étais guère attaché. Aussi, à peine avais-je résolu de changer de vie que je commençai par réduire les dépenses. La note du blanchisseur était élevée, et comme, en outre, il ne brillait pas par la ponctualité, mes deux ou trois douzaines de cols et chemises se révélèrent insuffisants. Je devais en changer presque tous les jours. Il en résultait des frais supplémentaires qui m'apparurent parfaitement inutiles. Je fis donc l'achat d'une lessiveuse et d'un livre qui nous enseigna, à ma femme et moi, l'art de laver le linge. J'y trouvai sans aucun doute un surcroît de travail mais je pris plaisir à m'initier à cette nouvelle activité.

Je revois encore le premier col que j'ai lavé. J'avais mis plus d'amidon qu'il n'en fallait et n'avais pas laissé chauffer le fer assez longtemps. Enfin, de peur de tout brûler, je n'avais pas appuyé assez fort. Le col était vraiment dur, mais l'amidon qui était en trop se mit à fondre goutte à goutte. Je fis la joie de mes confrères en arrivant ainsi au tribunal mais, même à cette époque, je savais être imperméable au ridicule. (AMG, 261.)

De même j'appris à me passer des services du coiffeur tout comme j'avais su me libérer du blanchisseur. Quand on va en Angleterre, on y apprend au moins l'art de se raser, mais non celui de se couper soi-même les cheveux. C'était pour moi un nouvel apprentissage en perspective ; car, une fois, à Pretoria, un coiffeur anglais, plein de mépris, refusa de me couper les cheveux. J'en fus indéniablement offensé ; mais, aussitôt après, j'achetai une tondeuse, et, installé devant une glace, je me mis au travail. Si les cheveux de devant furent plus ou moins bien coupés, ceux de derrière furent complètement massacrés. Une fois de plus ce fut au tribunal un éclat de rire général. Mes amis me questionnèrent :

« Qu'est-il arrivé à vos cheveux, Gandhi ? Les avez-vous laissé grignoter par des rats ?

— Non, mais le coiffeur blanc n'a pas daigné toucher à mes cheveux noirs. J'ai donc préféré les couper tout seul, quand même ce serait en dépit du bon sens. »

Cette réponse ne surprit nullement mes interlocuteurs. Ils savaient que le coiffeur, en refusant de me couper les cheveux, était dans son droit. Sinon, en acceptant des Noirs, il aurait certainement perdu sa clientèle. (AMG, 262-263.)

Lorsque la guerre éclata entre les Anglais et les Boers, c'est à ces derniers qu'alla toute ma sympathie. Mais je croyais alors ne pas avoir le droit, en de telles circonstances, de tenir compte de mes convictions personnelles. Dans mon livre sur le « *Satyāgraha*[1] en Afrique du Sud », j'ai relaté les détails du conflit intérieur par lequel je suis passé à cette époque. Je n'ai pas l'intention de reprendre ici cette discussion. Le lecteur que la question intéresserait, pourrait se rapporter à cet ouvrage. Il suffit de rappeler que mon sentiment de loyauté vis-à-vis des Anglais me conduisit à me mettre de leur côté dans cette

1. *Satyāgraha* : Littéralement qui tient à la vérité. Nom donné par Gandhi à la technique de résistance non violente telle qu'il l'a conçue et mise en pratique.

guerre. Je pensais que pour jouir des droits d'un citoyen britannique, il fallait, en contrepartie, participer à la défense de l'Empire. À mon avis, l'Inde ne pouvait parvenir à une totale indépendance, vis-à-vis de cet Empire, que par lui et en lui. Je me mis donc à recruter autant de compatriotes que possible, et, après bien des difficultés, je pus obtenir de servir avec eux dans un corps d'ambulanciers. (AMG, 264.)

Ainsi, à chaque nouvelle étape, mes efforts pour venir en aide aux Indiens d'Afrique du Sud me faisaient découvrir, peu à peu, les différentes exigences qu'implique le respect de la vérité. Tel un arbre immense, elle donne d'autant plus de fruits qu'on en prend soin. À l'image d'une mine où plus on creuse en profondeur, plus précieux sont les diamants qu'on y découvre, il est remarquable que plus on explore la vérité, plus nombreux et variés sont les services qu'elle nous fait assumer. (AMG, 268.)

L'homme et ses actes sont deux choses distinctes. Alors qu'il convient d'approuver une bonne action et d'en réprouver une mauvaise, il faut toujours, selon le cas, respecter ou plaindre l'auteur de cet acte. « Tu dois haïr le péché mais non le pécheur. » C'est là un précepte assez facile à comprendre mais difficile à mettre en pratique. C'est pourquoi la haine répand son poison à travers le monde.

L'*ahimsā* est le fondement de cette recherche

de la vérité. Ne pas tenir compte de cet appui indispensable serait aussi fragile que bâtir sur le sable. S'il convient de s'opposer à certains systèmes et de les détruire, au contraire, le fait de s'en prendre à leurs auteurs reviendrait à vouloir se prendre soi-même pour cible. Car, c'est le même pinceau qui nous a tous dessinés. Nous sommes les enfants d'un seul et même Créateur ; et, à ce titre, nous avons en nous des forces divines qui sont infinies. Maltraiter ne serait-ce qu'un seul être humain, c'est porter atteinte à ces forces divines et nuire, de ce fait, aux autres hommes. (AMG, 337.)

Les circonstances de ma vie m'ont mis en rapports étroits avec des gens de croyances diverses et venant de différentes communautés. Or, mon passé est là pour le prouver, je n'ai jamais fait de distinction entre les hommes, qu'il s'agisse de leur degré de parenté, de leur nationalité, de leur couleur ou de leur religion. Mon cœur s'est toujours refusé à ce genre de discriminations. (AMG, 338.)

Je ne suis pas un expert en sanskrit. Des *Vedas*[1] et des *Upanishads*[2] je n'ai lu que des traductions.

1. *Vedas* (Veda) : Textes les plus anciens et les plus sacrés des Écritures hindoues.

2. *Upanishad* (Upanisad) : Entretiens philosophiques considérés généralement comme étant les sources scripturaires de la métaphysique hindoue. On compte plus d'une centaine d'Upanishads parmi lesquelles une dizaine de textes d'une importance particulière aux yeux de la tradition.

Il s'ensuit que ma connaissance de ces textes n'est pas celle d'un érudit. Je les ai non pas approfondis mais étudiés comme tout hindou se doit de le faire, et je prétends en avoir compris le véritable esprit. Par ailleurs, dès l'âge de vingt et un ans, je m'étais intéressé à d'autres religions.

Il fut un temps où j'hésitais entre l'hindouisme et le christianisme. Lorsque je recouvrai mon équilibre, je sentis que seule la religion hindoue me conduirait au salut. Ma foi sortit de cette crise, plus profonde et plus éclairée.

Mais, même à cette époque, j'étais persuadé que l'hindouisme n'avait rien à voir avec les interdictions qui frappaient les intouchables. Dans le cas contraire, je n'aurais plus jamais voulu entendre parler d'une telle religion. (MT, II, 49.)

Je comprends mieux à présent ce que j'ai lu autrefois sur le manque d'historicité de toute autobiographie. Je sais fort bien que dans ce récit, je ne consigne pas tous mes souvenirs. Mais qui dira ce qu'il faut retenir ou laisser de côté, dans l'intérêt de la vérité ? Et quelle valeur pourrait avoir devant un tribunal, à propos de certains événements de ma vie, un témoignage qui se voudrait impartial mais qui pécherait par omission ? S'il prenait envie à un esprit inquisiteur de me soumettre à une contre-épreuve sur l'exactitude des pages précédentes, il est probable qu'il y apporterait plus de lumière ; et pour peu qu'une intention hostile le guidât dans cette recherche, il réussirait peut-être à étaler aux yeux de tous « la vanité de mes prétentions » ?

J'en viens donc à me demander un instant s'il ne vaudrait pas mieux m'arrêter d'écrire. Mais aussi longtemps que la petite voix intérieure ne me le reproche pas, je dois continuer. Selon une sage maxime, il ne faut jamais abandonner ce qu'on a entrepris sauf si la morale s'y oppose. (AMG, 342.)

Dès la naissance de *Indian Opinion*[1] je me rendis compte que le journalisme avait pour but unique de servir. La presse représente une puissance considérable ; mais, de même qu'un fleuve déchaîné submerge des campagnes entières et ravage les récoltes, de même une plume sans contrôle ne peut que tout détruire. Si le contrôle vient de l'extérieur il est encore plus nocif que s'il n'y en avait pas. Pour être profitable il doit être exercé par celui-là même qui écrit. Si cette ligne de conduite est correcte, combien de journaux au monde résisteraient à ce critère de sélection ? Mais, tout d'abord, qui se chargerait de supprimer les feuilles inutiles ? Et qui choisir comme juge ? L'utile et l'inutile doivent aller de pair, tout comme le bien et le mal en général. C'est à l'homme qu'il revient de choisir. (AMG, 349.)

1. Journal que Gandhi avait lancé en Afrique du Sud.

Le premier livre que j'ai lu de Ruskin s'intitule *Unto this last*. Pendant mes études, je n'avais presque rien lu en dehors de mes manuels, et une fois lancé dans l'action, je trouvais très peu de temps pour lire. Je ne saurais donc prétendre avoir de nombreuses connaissances livresques. Toutefois, je ne crois pas y avoir beaucoup perdu. Car le fait d'avoir peu lu m'a permis d'assimiler entièrement mes quelques lectures. Parmi celles-ci, *Unto this last* eut pour résultat de transformer aussitôt ma vie de la manière la plus concrète. Plus tard, j'ai traduit cet ouvrage en gujarati sous le titre de *Sarvodaya* (Une meilleure vie pour tous).

Je pense que ce livre magistral m'a révélé quelles étaient mes convictions les plus profondes ; cela explique mon enthousiasme pour cette œuvre, et les transformations qu'elle apporta dans ma vie. Le poète a pour mission de ranimer le bien qui sommeille au fond du cœur de chaque homme ; et si son influence n'est pas la même sur chacun de nous, c'est que tout dépend de notre degré d'évolution personnelle. (AMG, 364-365.)

Même après avoir pensé m'établir pour de bon à Johannesburg, je devais bientôt m'apercevoir que ma vie serait toujours mouvementée. Au moment même où j'allais pouvoir respirer en paix, un événement tout à fait inattendu se produisit. Selon les journaux, les Zoulous de la province de Natal venaient de se « révolter ». Je n'avais rien contre eux, d'autant qu'ils n'avaient jamais fait de mal à un Indien. Cette soi-disant « révolte » me laissait quelque peu sceptique. Mais, encore à cette époque, je croyais que l'Empire britannique existait pour le bien du monde. Mes sentiments de loyalisme étaient assez sincères pour même m'interdire de lui souhaiter le moindre mal. La décision que j'allais prendre serait donc indépendante de toute considération sur la valeur de cette « révolte ». Le Natal disposait d'une milice, la Volunteer Defense Force, qui ne demandait qu'à recevoir de nouvelles recrues. On venait justement de mobiliser ces volontaires afin de réduire les « rebelles ». (AMG, 383.)

Une fois arrivé sur les lieux du combat, je m'aperçus que rien n'autorisait à parler de « révolte » ; il était impossible d'observer la moindre résistance. On avait monté en épingle un simple fait divers : un chef Zoulou, suivi de sa tribu, avait refusé de se soumettre à un nouvel impôt et avait transpercé d'une sagaie le percepteur. De toute façon, j'étais de cœur avec les Zoulous. On devinera donc ma joie lorsqu'arrivé au quartier général, j'appris que nous aurions pour tâche principale de soigner les Zoulous blessés. Car, nous expliqua le médecin-chef, les Blancs répugnaient à s'occuper des Zoulous. Faute de soins, les plaies s'envenimaient et la situation devenait catastrophique. Il salua, par conséquent, notre arrivée comme une bénédiction pour ces victimes innocentes, et après nous avoir procuré pansements et désinfectants, il nous conduisit à ce qui devait servir d'hôpital. C'est avec joie que les Zoulous nous virent arriver. Les soldats blancs ne manquaient pas de venir jeter un coup d'œil, à travers la clôture qui nous séparait d'eux, pour nous inciter à ne plus nous occuper de nos blessés. Voyant que nous les ignorions, ils devenaient furieux et se mettaient à proférer des injures obscènes à l'adresse des Zoulous. (AMG, 384.)

Les hommes que nous devions soigner n'avaient pas reçu leurs blessures en combattant. La plupart d'entre eux étaient de simples suspects qu'on avait faits prisonniers. Condamnés par le général à recevoir le fouet, ils virent leurs plaies s'envenimer rapidement faute de soins. Les autres blessés étaient des Zoulous fidèles. Mais les insignes qu'on leur avait distribués pour les distinguer de « l'ennemi », n'empêchèrent pas des soldats de tirer sur eux par erreur. (AMG, 385.)

La « révolte » des Zoulous me donna matière à réflexion et enrichit de beaucoup mon expérience. En comparaison, la guerre des Boers ne m'avait pas révélé autant d'horreurs. Non seulement d'après moi, mais au dire de nombreux Anglais avec qui j'ai pu m'entretenir, cette

« révolte » n'avait rien d'une guerre. C'était une véritable chasse à l'homme. Je souffrais cruellement d'entendre chaque matin l'écho des fusillades dans ces hameaux peuplés d'innocents. Mais je contenais mon écœurement en me disant que nous n'étions là que pour soigner les Zoulous. Savoir que, sans nous, ils seraient abandonnés, me tranquillisait la conscience. (AMG, 386.)

J'avais hâte de voir le jour où je pourrais observer le *brahmacharya* en pensée, en parole et en acte. Il me tardait non moins de consacrer le plus de temps possible à la lutte pour le *Satyāgraha* et de m'y préparer en me pliant davantage aux exigences de la pureté ; ce qui m'amena à d'autres changements et à de nouvelles restrictions dans mon régime alimentaire. Mais cette fois-ci les modifications apportées répondaient à des considérations religieuses et non plus d'hygiène.

Dès lors je m'exerçai davantage à jeûner et à simplifier mes repas. En général, on maîtrise d'autant mieux ses passions qu'on a su renoncer aux plaisirs de la table. J'en fis moi-même l'expérience car j'ai rencontré autant de difficultés à dominer mes passions qu'à contrôler en moi le sens du goût. Et, encore à présent, je ne peux pas prétendre y être parfaitement arrivé. Je me suis toujours considéré comme un gros mangeur, n'en déplaise à ceux de mes amis qui me croient soumis à un régime draconien. Si je n'avais pas réussi à m'imposer certaines restrictions, je serais devenu depuis longtemps un être plus que bestial et cela m'aurait conduit à ma perte. Heureusement, j'ai pris conscience de mes défauts et je me suis efforcé d'en venir à bout. C'est grâce à cet acharnement que, durant toutes ces années, mon corps, loin de me trahir dans ma tâche, a pu m'aider à l'accomplir. (AMG, 391.)

Tout d'abord, j'essayai un régime à base de fruits ; mais je n'y trouvais guère de profit sur le plan de l'ascèse. Car, avec un peu d'habitude, cette nouvelle alimentation me parut plus savoureuse encore que toutes les céréales dont je faisais auparavant mon ordinaire. Il me sembla donc plus important de jeûner ou de ne prendre qu'un seul repas les jours d'observance. Et s'il se présentait une occasion de faire pénitence, j'étais trop heureux d'en profiter pour jeûner.

Toutefois, ce régime ayant purifié l'organisme, je m'aperçus que l'appétit s'aiguisait et que le plaisir de manger était plus vif. Le jeûne m'apparut alors comme pouvant être aussi bien une source de plaisir qu'un moyen d'ascèse. Nombre d'expériences semblables que je fis par la suite et que d'autres firent aussi, confirment cette étonnante constatation. Je voulais aguerrir mon corps mais surtout arriver à une totale ascèse du goût. C'est pourquoi je passais d'un régime à l'autre tout en réduisant la quantité. Mais le plaisir ne me lâchait pas d'une semelle. Lorsque je remplaçais une forme de régime par une autre, je trouvais l'occasion de m'en régaler encore plus. (AMG, 391-392.)

L'expérience m'a appris cependant que c'était une erreur d'apprécier la valeur d'un aliment selon sa saveur. On ne doit pas manger pour le plaisir du palais mais pour garder au corps toute sa vigueur. Quand les organes des sens sont soumis aux exigences de la santé et que le corps obéit à l'âme, le désir de jouir perd son pouvoir tyrannique et nos fonctions physiologiques répondent aux intentions de la nature.

On ne fera jamais assez d'expériences et de sacrifices pour atteindre ce degré de parfaite harmonie avec la nature. Malheureusement, de nos jours, le courant va en sens contraire avec une force redoublée. On n'hésite plus à sacrifier une multitude d'autres vies pour entourer d'aises et de parures un corps qui n'est que périssable ou pour prolonger de quelques instants son existence éphémère. De cette manière, nous nous condamnons, corps et âme, à notre propre perte. (AMG, 392-393.)

C'est en 1908 que, pour la première fois, j'allai en prison. Je notais que les prisonniers étaient soumis à certaines règles que devrait s'imposer volontairement tout *brahmachari* soucieux, par définition, de progresser en ascèse.

Ainsi, par exemple, il fallait avoir terminé son dernier repas avant le coucher du soleil. Les prisonniers indiens et africains n'avaient droit ni au thé ni au café. Le sel était le seul assaisonnement dont ils disposaient, à l'exclusion de toutes ces épices qui excitent le goût. (AMG, 398).

Non sans de grandes difficultés, on atténua, à la longue, la rigueur de ces règles. Malgré tout, elles permettaient de se discipliner et ne pouvaient qu'être bonnes pour la santé. Pour produire un effet salutaire, les privations ne doivent pas être imposées par la volonté des autres. Nous devons nous y soumettre nous-mêmes de plein gré. C'est pourquoi, à peine sorti de prison, je décidai de ne plus prendre de thé et de finir mon repas du soir avant le coucher du soleil. Je n'éprouve à présent aucune difficulté à observer ces principes. (AMG, 398.)

Le jeûne ne peut aider à dominer le côté animal de notre nature que si on le pratique avec l'intention de se dominer soi-même. Car certains de mes amis ont effectivement remarqué qu'après avoir jeûné, leur sensualité s'en trouvait exacerbée. Il est donc parfaitement vain de vouloir jeûner si on ne s'efforce pas en même temps de parvenir à la maîtrise de soi. (AMG, 406.)

Le jeûne n'est qu'un moyen pour arriver à se contrôler. Il ne suffit pas de faire jeûner son corps. Il faut également y soumettre son esprit ;

sinon le risque est grand de verser dans l'hypocrisie et d'aboutir au désastre. (AMG, 406.)

À la Ferme Tolstoï [1], nous avions comme principe de ne pas demander aux jeunes ce que les adultes eux-mêmes étaient incapables de mener à bien. Quand on faisait faire un travail à nos élèves, il y avait donc toujours un maître à leurs côtés, qui mettait effectivement la main à la pâte. D'où l'entrain qui animait nos disciples tout au long de leur apprentissage. (AMG, 409.)

Des manuels, dont on nous rebat les oreilles, je n'ai jamais ressenti la nécessité. Je me souviens même de n'avoir guère utilisé ceux que j'avais à ma disposition. Je ne trouvais pas du tout indispensable d'accabler ces garçons d'une montagne de livres. J'ai toujours pensé que le professeur était leur véritable manuel. J'ai oublié presque tout de l'enseignement que mes professeurs ont tiré de leurs livres, mais je me rappelle très bien ce qu'ils m'ont appris en dehors des manuels.

L'enfant est autrement plus réceptif à la parole qu'à l'écrit et il lui est bien plus pénible d'assimiler un texte que de retenir un enseignement donné de vive voix. Je ne crois pas avoir lu un seul livre de bout en bout avec mes

1. La Ferme Tolstoï et la Colonie de Phoenix étaient les deux communautés ou *Ashrams* que Gandhi avait fondées en Afrique du Sud, pour y mener, lui et ses compagnons, une vie consacrée au service des autres et au contrôle de soi.

garçons. Mais je leur disais à ma manière ce que j'avais retenu de mes différentes lectures et j'ose avancer qu'aujourd'hui encore ils s'en souviennent. Alors qu'ils avaient du mal à faire rentrer dans leur tête ce qu'ils trouvaient dans les livres, c'était au contraire avec la plus grande facilité qu'ils pouvaient répéter ce que je leur avais dit. Autant ils répugnaient à lire, autant ils prenaient plaisir à m'écouter, chaque fois que j'avais assez bien préparé mon sujet pour ne pas les ennuyer. Et grâce aux questions que leur inspiraient mes propos, je me faisais une idée de ce qu'ils avaient compris. (AMG, 411-412.)

Pour évoluer, l'esprit a besoin d'être exercé, tout comme l'éducation physique donne au corps l'entraînement dont il a besoin. Or pour éduquer ces esprits, tout dépendait du professeur, de son exemple et de ses réactions. Il lui fallait être constamment sur ses gardes, même s'il ne se trouvait plus au milieu de ses élèves. (AMG, 414.)

Il serait vain pour moi, si j'étais un menteur, de vouloir inculquer la franchise à mes enfants. Un lâche ne réussira jamais à enseigner le courage. Et comment initier les autres à se dominer si on en est soi-même incapable. J'en tirai donc la conclusion qu'il me fallait être en permanence une leçon de choses pour ceux qui m'entouraient. Au fond, ce sont eux qui sont devenus mes maîtres, car je sentais que ma vie devait être irréprochable, ne fût-ce que pour leur bien. En définitive, je dois à ces vigilants censeurs le fait de m'être discipliné davantage quand j'étais à la Ferme Tolstoï.

L'un d'eux était brutal, insupportable, menteur et querelleur. Un jour il se déchaîna avec une violence toute particulière. J'étais exaspéré. Jamais je ne punissais ces enfants, mais cette fois j'étais vraiment très en colère. J'essayai de le raisonner, mais il ne voulut pas céder et il essaya même de jouer au plus malin. À la fin, je saisis une règle que j'avais sous la main et je lui en donnai un coup sur le bras. Je crois qu'il remarqua mon émotion car je fis ce geste en tremblant. En effet, pareille chose ne s'était jamais encore produite. L'enfant se mit à pleurer et me supplia de lui pardonner. Il ne pleurait pas parce que le coup lui avait fait mal. Taillé comme il était, ce grand gaillard de dix-sept ans aurait très bien pu me rendre la pareille si l'envie l'en avait pris. Mais il comprit que j'étais triste d'avoir dû recourir à ce moyen violent. Jamais plus, après cet incident, il ne me désobéit. Mais je regrette encore cette violence. J'ai bien peur de lui avoir montré, ce jour-là, non pas l'esprit, mais la brute qui se trouve en moi.

J'ai toujours été opposé aux châtiments corporels. Je me souviens d'avoir dû y recourir une seule fois pour l'un de mes propres fils. Je n'ai donc jamais été capable jusqu'à ce jour de déterminer si j'avais eu tort ou raison de donner ce coup de règle. Ce fut sans doute une erreur, car j'ai obéi à un mouvement de colère et au désir de punir. Pour être justifié, ce geste n'aurait dû exprimer que mon désarroi. Mais, en l'occurrence, d'autres mobiles étaient venus s'y ajouter. (AMG, 414-415.)

Ces enfants, par la suite, firent plus d'un écart de conduite, mais je n'ai plus jamais donné de châtiments corporels. Ainsi, grâce à mes efforts pour donner une formation spirituelle à ces jeunes garçons et filles, j'en vins à comprendre de mieux en mieux la puissance de l'esprit. (AMG, 415.)

À cette époque, je devais faire de nombreuses allées et venues entre Johannesburg et Phoenix. Une fois, alors que j'étais à Johannesburg, on me fit savoir que deux des pensionnaires de l'*āshram*[1] venaient de commettre une faute grave contre la morale. On m'aurait fait part d'un échec apparent ou d'une défaite dans notre lutte pour le *Satyāgraha* qu'en comparaison cela ne m'aurait rien fait. Mais là, le choc fut terrible. Le jour même, je prenais le train pour Phoenix. (AMG, 418.)

1. *Āshram* (Asrama) : Ermitage ; lieu calme et retiré où des gens animés d'un même idéal mènent une vie communautaire et se soumettent à une certaine règle. « L'Āshram » était l'expression employée pour désigner le lieu où vivait Gandhi en compagnie de ses disciples.

Pendant le trajet, mon devoir m'apparut clairement. J'estimais que le tuteur ou le maître était responsable, du moins dans une certaine mesure, des fautes de son pupille ou de son élève. Ma responsabilité au sujet de l'incident en question m'apparut donc aussi claire que le jour. En effet, ma femme m'avait déjà alerté; mais, confiant de nature, je n'avais pas voulu tenir compte de cet avertissement. À mon avis, il n'y avait qu'un moyen de faire comprendre aux coupables la gravité de leur faute et la douleur que j'en ressentais : je devais m'imposer à moi-même une pénitence. Je me soumis donc à un jeûne de sept jours et m'engageai par vœu à ne prendre qu'un seul repas par jour pendant quatre mois et demi. (AMG, 418-419.)

Cette décision affligea mon entourage, mais l'atmosphère s'en trouva assainie. Chacun put prendre conscience de la gravité du péché et, par la suite, le lien qui m'unissait à ces enfants gagna en force et en sincérité. (AMG, 419.)

Je n'ai jamais eu recours au mensonge dans ma profession, et... je consacrais une bonne part de mon travail d'avocat à défendre des causes d'intérêt public pour lesquelles je ne demandais aucun honoraire mais demandais simplement le remboursement de mes dépenses. Et encore, il m'arrivait de ne pas en tenir compte... Alors que je faisais mes études j'avais entendu dire que l'avocat exerçait un métier de menteur. Mais cela me laissa indifférent car je n'avais pas l'intention de mentir pour mieux réussir ou gagner davantage d'argent... Cette résolution fut souvent mise à l'épreuve en Afrique du Sud. Il arrivait souvent que la partie adverse encourageait ses témoins à faire un récit tendancieux et il ne tenait qu'à moi d'en faire autant pour avoir mes chances de gagner le procès. Mais chaque fois je résistai à cette tentation. Je me souviens d'un seul cas où après avoir gagné un procès je soupçonnai un client de m'avoir trompé. Du fond du cœur je n'ai jamais souhaité voir gagner mon client que s'il était dans son droit. Quand je fixais mes honoraires je n'en déterminais jamais le montant d'après mon échec ou ma réussite.

Avant de défendre les intérêts d'un nouveau client, je tenais toujours à lui préciser qu'il ne fallait pas compter sur moi pour défendre une cause injuste ou faire parler les témoins dans le sens de ses intérêts. Bientôt ma réputation me valut de ne plus avoir d'affaires véreuses à défendre, au point que certains clients me réservaient leurs bonnes causes et portaient ailleurs celles qui étaient suspectes. (AMG, 443-444.)

Quand j'ignorais un point de droit, je ne m'en cachais nullement à mon client ou à mes collègues. S'il m'arrivait de ne voir aucune solution, j'invitais mon client à consulter un autre avocat. Cette franchise me valut de la part de mes clients une confiance et une affection sans bornes. Et même si je leur demandais de s'adresser à un collègue plus expert ils n'en étaient pas moins désireux de me verser des honoraires. Cette affection et cette confiance m'apportèrent un concours précieux dans mon action publique. (AMG, 449.)

À l'issue de notre lutte pour le *Satyāgraha*, en 1914, je reçus un message de Gokhale. Il me demandait de rentrer en Inde en passant par Londres... La guerre fut déclarée le 4 août. Le 6, nous arrivions à Londres. (AMG, 421-423.)

J'estimais que dans cette guerre, les Indiens résidant en Angleterre avaient leur devoir à remplir. Les étudiants anglais s'étaient portés volontaires pour servir dans l'armée. Il était difficile pour les Indiens de faire moins. Certains vous répondaient qu'il y avait un monde entre les Indiens et les Anglais. Tandis qu'ils étaient les maîtres, nous, nous étions des esclaves. Comment un esclave pourrait-il coopérer avec son maître quand celui-ci se trouve en difficulté ? L'esclave, qui veut être libre, ne doit-il pas profiter au contraire de cette circonstance ? À l'époque, ces arguments me laissèrent indifférent. J'étais au fait de la différence de statut qui séparait Indiens et Anglais ; mais, tout de même, on ne nous avait pas complètement réduits en esclavage. Ce qui était en cause à mon avis, c'était bien moins le système britannique que certains fonctionnaires pris individuellement.

Rien n'empêcherait de convertir ces derniers par la seule force de l'amour. Si pour améliorer notre statut, nous voulions toucher la bonne volonté des Anglais, notre devoir était de les gagner à notre cause en leur prêtant assistance lorsqu'ils étaient dans l'embarras. Si le système présentait des défauts, il ne me paraissait pas alors aussi insupportable qu'aujourd'hui. Mais si le système britannique ne m'inspire plus aucune confiance, au point que je refuse à présent de lui apporter ma collaboration, comment certains ont-ils pu le faire à l'époque, alors que ni le système ni ses représentants n'avaient leur confiance ? (AMG, 424-425.)

Il ne fallait donc pas, selon moi, tirer parti des difficultés que traversait l'Angleterre. Aussi longtemps que durerait la guerre, il était plus convenable et plus avisé de ne pas faire valoir nos revendications. Tirant les conclusions de ces idées, j'invitais les volontaires à s'enrôler. (AMG, 425.)

Nous étions tous d'accord pour reconnaître le caractère immoral de la guerre. S'il n'était pas dans mes principes de poursuivre en justice mes agresseurs, j'étais encore moins disposé à prendre part à une guerre, d'autant plus qu'en l'occurrence je ne savais pas du tout si la cause défendue par les combattants était légitime ou non. Mes amis, bien sûr, savaient que j'avais servi pendant la guerre des Boers, mais ils croyaient que, depuis, mon point de vue avait changé.

À vrai dire, dans l'un et l'autre cas, les arguments pour m'enrôler dans l'armée répondaient à la même logique. Certes, je n'ignorais pas que jamais le fait de participer à une guerre ne pourrait être compatible avec l'*ahimsā*. Mais il n'est pas toujours donné de savoir exactement où se trouve le devoir. On en est souvent réduit à tâtonner dans l'obscurité. Même si on s'est juré de tout faire pour voir la vérité. (AMG, 427.)

En enrôlant des hommes pour le service des ambulanciers en Afrique du Sud et en Angleterre, ainsi que des recrues en Inde pour aller au front, je n'ai pas le sentiment d'avoir soutenu la cause de la guerre, mais j'ai aidé cette institution qui portait le nom d'Empire britannique, et au rôle bénéfique duquel je croyais alors. Mon horreur pour la guerre, à cette époque, était tout aussi prononcée qu'aujourd'hui. Pour rien au monde je n'aurais pu ni voulu épauler un fusil. Mais on ne trace pas sa vie comme une ligne droite. Elle est faite de devoirs, très souvent contradictoires, parmi lesquels on est appelé en permanence à faire un choix. N'étant ni alors ni même aujourd'hui un réformateur décidé à s'attaquer aux causes institutionnelles de la guerre, je me devais en tant que citoyen de conseiller le plus honnêtement ceux qui, croyant à l'efficacité de la guerre, refusaient néanmoins de s'enrôler, soit par ressentiment contre le Gouvernement britannique soit par lâcheté ou pour d'autres raisons encore plus viles. Je n'hésitais pas à leur dire que s'ils n'avaient aucune opposition de principe à l'égard de la guerre et de la Constitution britannique, il était de leur devoir de s'enrôler pour venir en aide à l'Angleterre... Je suis contre la loi du talion mais je n'ai pas hésité, il y a quatre ans, près de Battia, à dire à ceux des villageois qui ignoraient tout de l'*ahimsā* qu'ils étaient coupables de lâcheté en se dérobant au devoir de défendre par les armes l'honneur de leurs femmes et les biens de leurs familles. Et encore tout récemment... je n'ai pas hésité à déclarer aux hindous que s'ils ne savaient pas mettre en pratique l'*ahimsā* et entretenaient le moindre doute à son sujet, ils seraient coupables d'un crime aux yeux de leur religion et de l'humanité en refusant de défendre par les armes l'honneur de leurs femmes... J'estime que mon attitude antérieure et mes conseils récents dans ce domaine sont en parfait accord avec les exigences de l'*ahimsā* et je peux même dire qu'ils en découlent directement. Il est facile d'énoncer les nobles principes de cette doctrine. Toute la difficulté est de la comprendre et de la mettre en pratique dans un monde en proie aux passions, à la violence et à la haine. Chaque jour je m'en rends compte davantage. Et malgré tout je suis de plus en plus convaincu que la vie ne vaudrait pas la peine d'être vécue si l'*ahimsā* n'était qu'un vain mot. (SB, 167-168.)

Il n'est pas question de vouloir justifier ma conduite en faisant appel aux seuls principes de l'*ahimsā* ; car selon son échelle de valeurs il n'y a pas lieu de faire de distinctions entre celui qui porte les armes et celui qui travaille pour la Croix-Rouge. Tous deux prennent part à la guerre et contribuent au fonctionnement de son engrenage. Tous deux sont coupables du crime de guerre. Pourtant, même après y avoir mûrement réfléchi au cours de ces années, j'estime qu'étant donné les circonstances particulières où je me trouvais lors de la guerre des Boers, de la Première Guerre mondiale et de la prétendue révolte des Zoulous au Natal en 1906, j'étais tenu d'agir comme je l'ai fait dans chacun de ces cas.

Une multitude de forces pèsent sur notre vie. La navigation serait aisée si, à partir d'un seul principe général, on pouvait déduire automatiquement toutes les décisions à prendre. Mais je n'ai pas le souvenir d'une seule fois où j'aurais pu agir avec une telle facilité.

Étant moi-même fermement opposé à la guerre, je n'ai jamais voulu m'entraîner à manier une arme. Et pourtant, plus d'une fois, j'aurais pu en avoir l'occasion. C'est grâce à ce refus qu'il m'a été permis de ne pas directement porter atteinte à une vie humaine. Mais, tant que j'acceptais de vivre sous un régime fondé sur la force en profitant sciemment des facilités et des privilèges que le gouvernement mettait à ma disposition, mon devoir était de l'aider de mon mieux, dès lors que la guerre rendait sa tâche plus difficile. Sinon, il m'aurait fallu refuser toute collaboration avec ce régime et renoncer aux avantages que j'y trouvais dans toute la mesure du possible.

Pour mieux me faire comprendre, supposons que je sois membre d'une institution qui posséderait quelques acres de terre. Ses récoltes risquent d'être détruites d'un moment à l'autre par des singes. Estimant que toute vie est sacrée, je désobéis par là même aux principes de l'*ahimsā* si je fais le moindre mal à ces animaux. Pourtant je n'hésite pas à susciter la lutte et à lutter moi-même contre eux afin de sauver les récoltes. Pour ne pas recourir à cette extrémité il faudrait quitter ou détruire l'institution. Mais je m'en garde bien parce que je sais pertinemment qu'il n'existe pas de société où il n'y aurait aucune agriculture et où par conséquent il serait possible de respecter toutes les formes de vie. Donc, avec crainte et tremblement, humilité et componction, je participe à l'attaque lancée contre les singes, espérant toutefois, un jour, découvrir une autre solution.

C'est pour des raisons analogues que j'ai pris part aux trois activités guerrières susmentionnées. Même si j'avais pu couper toutes mes attaches avec la société dont je dépendais, c'eût été une folie de le faire. Si bien qu'à chacune de ces trois occasions, il ne fut pas question pour moi de refuser mon soutien au gouvernement britannique. Aujourd'hui, au contraire, ma position est tout autre à l'égard de cette institution. Il en résulte que je ne serais plus volontaire pour prendre part à une guerre où ce gouvernement se trouverait engagé. Et, dans ce cas, je risquerais même la prison ou la potence si on me forçait à combattre ou à tenir tout autre rôle dans une opération militaire.

Le problème ne s'en trouve pas réglé pour autant. Si nous avions un gouvernement national indépendant, je continuerais de refuser toute participation directe à la guerre. Mais je puis concevoir des circonstances où ce me serait un devoir de voter en faveur d'un service militaire réservé à ceux qui en sont partisans. Car je sais très bien que tout le monde en Inde ne partage pas au même degré que moi mes convictions au sujet de la non-violence. Et ce n'est pas par la contrainte qu'une personne ou une société peut devenir non violente.

La non-violence procède d'une manière extrêmement mystérieuse. Souvent, les actes d'un homme défient toute analyse en termes de non-violence. Non moins souvent, ses actes peuvent avoir l'apparence de la violence, alors même qu'il est absolument non violent au sens le plus élevé du terme ; et tôt ou tard, on peut en avoir la confirmation. Il en va de même à propos de ma conduite dans les exemples cités plus haut. J'ai chaque fois agi dans l'intérêt de la non-violence, sans avoir d'autres idées derrière la tête ni m'être livré à de sordides calculs pour en faire profiter mon pays. Je ne crois pas qu'on puisse faire avancer la cause nationale ou toute autre cause en portant préjudice à d'autres intérêts.

Je ne chercherai pas à défendre davantage ma thèse. Car, même en exploitant toutes les possibilités du langage, on ne peut pas exprimer toute la complexité d'une pensée. Pour moi, la non-violence ne se ramène pas à un simple principe d'ordre philosophique. Elle règle toute ma vie. Elle en est le souffle. Je sais bien que souvent je ne suis pas à la hauteur de cette règle de vie. Si j'échoue, c'est parfois en connaissance de cause, mais plus souvent en toute ignorance. C'est une question de cœur et non d'intelligence. Pour ne jamais s'égarer sur cette voie de la non-violence, il faut constamment s'en remettre à Dieu, être toujours prêt à faire abnégation de soi et avoir la plus grande humilité. Pour pratiquer la non-violence, il faut être intrépide et avoir un courage à toute épreuve. J'ai conscience de mes manques et ils me navrent.

Mais la Lumière qui demeure en moi brille de tout son éclat et n'est jamais défaillante. Il n'y a pas d'issue possible en dehors de la vérité et de la non-violence. Je sais que la guerre est un mal, un crime sans excuses. Je sais également qu'il faut tout mettre en œuvre pour que ce fléau ne revienne plus jamais. Je suis persuadé qu'une liberté obtenue par des moyens malhonnêtes ou par le sang des autres n'est pas la liberté. J'aimerais mieux qu'on trouve absolument indéfendables tous les actes dont on me tient rigueur, plutôt que de voir une seule de mes actions interprétée comme une entorse à la valeur de la non-violence ou faire croire que j'aie pu un seul instant pencher en faveur de la violence ou du mensonge. Ni le manque de vérité ni la violence, mais seules la non-violence et la Vérité peuvent répondre à la loi de notre être. (SB, 168-170.)

Oui, j'ai conscience de mes propres limites. Mais d'en avoir conscience me vient le peu de force dont je dispose. Tout ce qu'il m'a été donné de pouvoir faire dans ma vie est dû principalement au fait qu'à travers mes limites, j'ai découvert l'action d'une force autre que la mienne. (SB, 214.)

Toute ma vie, j'ai été habitué à ce que les autres se trompent sur mon compte. C'est le lot de tout homme public. Il lui faut une solide cuirasse ; car s'il fallait donner des explications pour se justifier quand on se méprend sur vos intentions, la vie deviendrait insupportable. Je me suis fait une règle de ne jamais intervenir pour rectifier ce genre d'erreur, à moins que ne l'exige la cause que je défends. Ce principe m'a épargné bien du temps et bien des tracas. (SB, 214.)

La seule vertu que je veuille revendiquer est la vérité et la non-violence. Je ne prétends à aucun pouvoir surhumain. Je ne saurais qu'en faire. Je suis de chair et de sang comme le plus petit de mes semblables, faible et faillible comme tout autre homme. Les services que je rends sont loin d'être parfaits mais Dieu, jusqu'à présent, a bien voulu les bénir en dépit de leurs défauts.

Il est bon de confesser ses erreurs. On s'en trouve plus fort. Cet aveu est comme un bon coup de balai qui enlève toute la poussière et laisse les lieux plus propres qu'avant. C'est également nécessaire chaque fois qu'il faut revenir sur ses pas à la suite d'une erreur d'orientation. La cause que l'on détend en est fortifiée. Si on persiste à se fourvoyer dans une mauvaise voie on est sûr de ne jamais atteindre sa destination. (MT, II, 113.)

Quant au mahatma, laissons-le à son sort. Bien que décidé à ne plus coopérer avec le gouvernement britannique, j'appuierais avec plaisir tout projet de loi aux termes duquel serait déclaré criminel quiconque m'appellerait mahatma et voudrait me toucher les pieds. À l'*ahimsā*, où je peux faire moi-même la loi, ces agissements sont considérés comme des crimes. (MT, II, 340.)

Que dire de plus sur ma vie ?... Tout le reste est mêlé de si près aux affaires publiques qu'à peu près rien n'en est inconnu... Ma vie est un livre ouvert à tous. Je n'ai aucun secret et ne fais rien pour en avoir. (AMG, 614 ; voir aussi MM, 4.)

Il n'est d'autre Dieu que la Vérité. Telle est la conviction que l'ensemble de mon expérience n'a cessé de confirmer. Si chacune des pages qui précèdent n'a pas montré au lecteur que l'*ahimsā* est le seul moyen d'arriver à la Vérité, j'estime que je me serai donné du mal pour rien à écrire ce livre. Si, de toute façon, ma démonstration n'a pas été convaincante, le lecteur doit bien se dire que la faute n'en est pas au principe même de l'*ahimsā* mais à ma manière de l'exposer. (AMG, 615.)

Depuis mon retour en Inde, je n'ai cessé d'expérimenter la présence en moi de passions prêtes à se réveiller et à sortir de leur repaire. Le fait d'en avoir conscience me remplit d'un sentiment d'humiliation mais non de défaite. Ces expériences et le fait de m'être mis à l'épreuve m'ont soutenu et donné de grandes joies. Mais je sais que le chemin à parcourir est encore long et difficile. Pour ce, il me faudra m'anéantir complètement. Tant qu'un homme ne se met pas, de son plein gré, à la dernière place, il n'est pas de salut pour lui. L'*ahimsā* se situe à l'extrême limite de l'humilité. (AMG, 616.)

L'adoration que la foule irréfléchie a pour moi me rend littéralement malade. Je me sentirais beaucoup plus à ma place si, au contraire, on me crachait au visage. Il ne serait plus alors nécessaire de confesser en public l'énormité de mes erreurs, et, ne risquant plus de me fourvoyer, je n'aurais plus besoin de rectifier mon orientation. (MM, 7.)

Je n'ai aucune attirance pour le prestige, simple décor qui convient à la cour d'un roi. Je suis le serviteur des musulmans, des chrétiens, des Parsis et des juifs tout autant que des hindous. Et pour servir, c'est d'amour dont j'ai besoin, et non de prestige. Tant que je serai fidèle à la cause que je sers, je n'aurai pas à craindre de manquer d'amour. (MM, 8.)

Pour différentes raisons, je redoute de me rendre en Europe et en Amérique. Non point que je me méfie des peuples de ces deux grands continents plus que de mes compatriotes. Mais c'est à mon sujet que j'ai des doutes. Si j'allais en Occident, ce ne serait ni pour ma santé ni pour voir du pays. Je ne cherche pas non plus à parler en public. J'ai horreur d'être considéré comme une célébrité. Je me demande si je retrouverai un jour la force de supporter les manifestations publiques et d'endurer cette tension épuisante que je ressens en prenant la parole en public. S'il plaît à Dieu de m'envoyer en Occident, je m'y rendrai pour toucher le cœur des masses, pour m'entretenir en toute sérénité avec la jeunesse de ces pays et enfin pour avoir le privilège de rencontrer d'autres hommes qui, comme moi, cherchent la paix à tout prix, mais jamais aux dépens de la vérité.

Je ne pense pas avoir jusqu'à présent de message à porter à l'Occident. Je crois à l'universalité de cet enseignement mais j'estime jusqu'ici que le meilleur moyen de le transmettre est de continuer l'œuvre entreprise dans mon propre pays. Si quelques signes de succès viennent couronner mes efforts en Inde, j'aurai rempli ma mission de messager. S'il en allait autrement je n'irai pas ailleurs chercher d'autres disciples, quand bien même je n'aurais rien perdu de mes convictions. Si je m'aventurais en dehors de l'Inde, c'est que j'aurais gardé la certitude — sans pouvoir en administrer une preuve convaincante pour tous — que mon pays est resté accessible à ce message, indépendamment de la lenteur qu'il peut mettre à y répondre.

C'est donc plein d'hésitation que j'ai entretenu une correspondance avec des amis qui m'avaient invité en Europe. Rien ne me pressait d'y aller, si ce n'est de voir Romain Rolland. Me méfiant de moi-même en ce qui concernait une tournée générale en Occident, je voulais m'assurer que ma visite à ce sage d'Occident serait l'objectif numéro un de mon voyage. Je lui exposai par conséquent mon problème de la manière la plus franche. Il me répondit qu'au nom même de la vérité, un tel motif ne justifiait pas ce déplacement. Selon lui, notre rencontre ne méritait pas que j'interrompe mon activité en Inde. À regret, je me devais par conséquent de renoncer à ce projet, car aucun impératif intérieur ne me poussait à me rendre en Europe si ce n'est le désir de cette rencontre ; tandis qu'au contraire, j'ai de pressantes obligations qui me retiennent ici en permanence. (MT, II, 417.)

Je me considère comme incapable de haïr qui que ce soit. Depuis plus de quarante ans, grâce à la prière et à la suite d'un long travail sur moi-même, je n'ai plus jamais haï personne. Je vois bien tout ce qu'il y a de prétentieux dans un tel aveu, mais je le fais en toute humilité. En revanche, je hais le mal sous toutes ses formes. J'ai en horreur le régime que les Britanniques ont établi en Inde. Je hais la manière impitoyable dont on exploite l'Inde, et du fond de mon cœur, je trouve non moins haïssable la manière dont sont traités les intouchables, système infâme dont se sont rendus responsables des millions d'Hindous. Mais je n'ai aucune haine pour les Anglais qui nous oppriment, ni pour les Hindous qui sont sans pitié pour leurs frères. Je cherche à les réformer à l'aide de tous les moyens que l'amour met à ma disposition. (SB, 50.)

Il y a quelques jours, à l'*āshram*, un veau qui s'était blessé, gisait sur le sol, en pleine agonie. L'animal avait reçu tous les soins possibles. Mais, selon le vétérinaire que nous avions consulté, le cas était désespéré. La pauvre bête souffrait tellement que le moindre mouvement la faisait hurler de douleur.

Dans ces circonstances, j'estimais que la pitié la plus élémentaire exigeait qu'on mît fin à cette agonie en achevant l'animal. La question fut soulevée en présence de tous les membres de l'*āshram*. Au cours de la discussion, un voisin fort estimable s'opposa avec véhémence à ma suggestion. Selon lui, on n'a pas le droit de détruire ce qu'on est incapable de créer. Cet argument aurait été valable si on agissait en l'occurrence dans un intérêt égoïste. Mais ce n'était pas le cas. Finalement, en toute humilité mais sans la moindre hésitation, je fis donner le coup de grâce à l'animal en demandant au vétérinaire de le piquer. Ce fut l'affaire de deux minutes.

Je savais que l'opinion publique, surtout à Ahmedabad, me désavouerait et verrait dans mon acte un manquement à l'*ahimsā*. Mais je sais non moins bien qu'il faut faire son devoir sans se soucier de l'opinion des autres. J'ai toujours considéré que chacun devait agir selon sa propre conscience, même si les autres vous donnent tort. L'expérience a confirmé à mes yeux le bien-fondé de ce principe. C'est ce qui fait dire au poète : « le sentier de l'amour passe par l'épreuve du feu ; les timorés s'en détournent ». Le sentier de l'*ahimsā*, c'est-à-dire de l'amour, doit souvent être parcouru en toute solitude.

On pourrait, non sans raison, me poser la question : Auriez-vous procédé de la même manière si, au lieu d'un veau, vous aviez eu affaire à un être humain ? aimeriez-vous qu'on vous traite de la même façon ? Je réponds : « oui ». Le même principe vaut pour ces deux cas. Ce qui s'applique à une situation doit être applicable à toutes. Cette règle ne souffre aucune exception, ou alors le fait de tuer ce veau était un acte mauvais et violent. Toutefois, si on n'abrège pas les souffrances des êtres qui nous sont chers, en mettant un terme à leurs jours, c'est qu'en général on dispose d'autres moyens pour les secourir et qu'ils peuvent eux-mêmes décider en connaissance de cause. Mais, supposons qu'un ami se débatte dans les affres de l'agonie. Le mal dont il souffre est incurable et je ne peux rien pour atténuer son supplice. Dans ce cas, s'il n'a même plus de conscience réfléchie, le recours à l'euthanasie ne me semblerait nullement contraire aux principes de l'*ahimsā*.

De même qu'un chirurgien ne se rend coupable d'aucune violence quand il manie le scalpel, de même il se peut qu'on doive, dans certains cas exceptionnels, faire un pas de plus en supprimant la vie à celui dont le corps se débat dans la souffrance et ce, dans le seul intérêt du patient. On pourrait rétorquer que le chirurgien fait exactement le contraire puisqu'il opère son malade pour lui sauver la vie. Mais une analyse moins superficielle montre que, dans les deux cas, le but recherché est en définitive le même. Il s'agit de soulager l'âme intérieure de la douleur qui l'atteint à travers le corps. Dans un cas, on y parvient en retranchant du corps la partie atteinte par le mal, et dans l'autre cas, on sépare de l'âme le corps tout entier parce qu'il est devenu pour elle un instrument de torture. Dans ces deux situations, le but recherché est bien de remédier à ce qui fait souffrir l'âme. Une fois que la vie a quitté le corps, il ne peut plus éprouver ni plaisir ni douleur. On pourrait d'ailleurs imaginer d'autres circonstances où ce serait faire preuve de violence que de ne pas tuer, et satisfaire à l'*ahimsā* que de donner la mort à quelqu'un. Si on menaçait de violer ma fille... et qu'il n'y ait aucun moyen de la sauver, j'agirais selon les exigences les plus pures de l'*ahimsā* si je mettais fin à sa vie, quitte à m'exposer ensuite à la colère du forcené.

L'ennui avec nos sectaires de l'*ahimsā* est qu'ils en font un fétiche qu'ils vénèrent aveuglément. De la sorte, ils opposent le plus grand obstacle à ce que la véritable *ahimsā* se répande parmi nous. L'opinion courante et, selon moi, erronée qu'on se fait de l'*ahimsā* a peu à peu endormi notre conscience et nous a rendus insensibles à mille autres formes bien plus insidieuses de violence telles que les paroles méchantes, les jugements sévères, la malveillance, la colère, le mépris, et le désir de cruauté. Faire souffrir à petit feu les hommes et les animaux, faire mourir de faim et exploiter ceux qu'on a réduits à sa merci pour mieux en tirer profit, humilier et opprimer sans motif les faibles et tuer leur dignité comme cela se voit chaque jour autour de nous, tous ces actes sont autrement plus empreints de violence que le fait de supprimer une vie par simple bienveillance. Qui peut douter un seul instant qu'il eût été plus humain d'exécuter sommairement ceux qui, sur l'ignominieux chemin d'Amritsar, furent réduits par leurs bourreaux à ramper sur le ventre comme des vers de terre ? Si quelqu'un s'avisait de me répondre qu'aujourd'hui ces gens ne partagent pas ma manière de voir et que même s'ils ont dû ramper sur le sol, ils ne s'en portent pas plus mal, je lui ferais remarquer sans hésitation qu'il ignore tout des rudiments de l'*ahimsā*. Il peut se présenter certaines situations auxquelles on ne peut faire face qu'en renonçant à la vie. C'est faire preuve d'une méconnaissance totale des fondements de l'*ahimsā* que d'ignorer cet aspect primordial de notre condition humaine. Par exemple, un zélateur de la vérité devrait demander à Dieu de recevoir la mort plutôt que de vivre dans le mensonge. De même, tout défenseur de l'*ahimsā* devrait supplier à genoux son ennemi de le mettre à mort plutôt que de l'humilier ou de lui infliger un traitement contraire à la dignité humaine. Comme l'a dit un poète : « Le chemin du Seigneur est ouvert aux héros et fermé aux lâches. »

Si on ne réduisait pas toute la portée de l'*ahimsā* au simple fait de ne pas tuer, notre pays ne se rendrait pas coupable de tous ces actes de violence qui sont commis au nom même de l'*ahimsā*. Il en irait tout autrement si on ne se méprenait pas si grossièrement sur la nature et le champ d'action de l'*ahimsā* et si l'on n'entretenait une échelle de valeurs aussi confuse. (MT, II, 421-423.)

La vérité m'est infiniment plus chère que cette dignité accablante de mahatma dont on veut m'affubler. Si jusqu'à présent ce fardeau ne m'a pas écrasé, c'est bien grâce au sentiment que j'ai de n'être rien et parce que j'ai conscience de mes limites. Je suis consterné de voir que mon désir de maintenir mon corps en vie m'incite en permanence à me rendre coupable de *himsā*[1]. C'est pourquoi je deviens de

1. *Himsā* : Violence.

plus en plus indifférent à tout ce qui intéresse mon corps. Par exemple, je sais qu'en respirant je détruis des myriades de microbes invisibles. Je n'en continue pas moins à respirer. C'est faire preuve de *himsā* que de manger des légumes, mais ils sont indispensables à ma nourriture. Il en va de même si je fais usage d'antiseptiques, et pourtant il m'est impossible de me passer de désinfectants, ne serait-ce que pour ne pas être infesté de moustiques. Je tolère à l'*āshram* qu'on tue un serpent s'il est impossible de le capturer ou de le mettre hors d'état de nuire. Je vais jusqu'à autoriser l'emploi du bâton quand il s'agit de ramener les bœufs au bercail. Je n'en finis donc jamais de commettre directement ou indirectement des actes de violence. Et maintenant j'en viens au problème des singes. Que le lecteur se rassure ! Je n'ai nulle hâte de les tuer. En fait, je ne suis pas sûr d'être capable de recourir à cette mesure extrême. Mais je ne peux rien promettre non plus s'il leur prend la fantaisie de saccager toutes les récoles de l'*āshram*. Si, à la suite de ces aveux, mes amis me considéraient comme perdu, j'en serais navré, mais rien ne me fera dissimuler mes manquements à l'*ahimsā*. Je prétends seulement mettre tout en œuvre pour comprendre ce que cet idéal implique et le mettre en pratique dans mes pensées, mes paroles et mes actes. Je pense d'ailleurs y avoir réussi dans une certaine mesure, mais je sais tout ce qu'il me reste encore à parcourir pour progresser dans cette voie. (MT, II, 425-426.)

Je suis un pauvre mendiant. Pour tous biens terrestres, j'ai six rouets, quelques écuelles de prisonnier, un pot à lait de chèvre, six pagnes et des serviettes tissés à l'*āshram*, et enfin ma réputation qui ne saurait valoir grand-chose [1]. (MT, III, 142.)

Une fois pris dans le tourbillon de la politique, je me suis demandé ce qu'il fallait faire pour rester intègre et fidèle à la vérité, et résister aux tentations qu'entraîne la recherche du succès en ce domaine. La réponse me parut évidente : si je voulais servir ceux dont je partageais la vie et dont je connaissais les difficultés pour en être jour après jour le témoin, il me fallait renoncer à toute richesse et me défaire de toute possession.

Il serait faux de dire qu'après avoir pris cette décision, je fus capable de la mettre à exécution du jour au lendemain. Je dois au contraire vous avouer qu'au début les choses allèrent lentement et non sans douleur. Mais, au fil des jours, je m'aperçus que je devais jeter par-dessus bord beaucoup d'autres choses que je considérais comme miennes et que j'éprouvais une joie réelle à m'en débarrasser peu à peu, à un

1. Déclaration faite le 11 septembre 1931 à Marseille, à l'administration des douanes.

rythme qui allait d'ailleurs en s'accélérant. Je me sentis alors comme libéré d'un grand poids. Je n'étais plus gêné dans mes mouvements et c'est avec une joie encore plus grande que je me consacrais au service de mes compatriotes. La moindre possession me parut alors encombrante et même insupportable.

M'interrogeant sur les causes de ma joie, je m'aperçus que si je voulais garder quelque chose pour moi, je devais défendre mon droit de propriété contre le monde entier. En effet, beaucoup d'autres gens voulaient cette chose qui leur faisait défaut. Et un jour, je serais amené à faire appel à la police, si des gens affamés, me rencontrant seul, voulaient non seulement partager mon bien, mais me déposséder. Pourtant s'ils agissent ainsi, me disais-je, ce n'est point par malice, mais parce qu'ils ont beaucoup plus besoin que moi de cette chose.

Le fait de posséder me parut alors être un crime. Il ne faut garder pour soi que les objets qui ne manquent pas aux autres. Mais cela n'existe pas. La non-possession est la seule chose qui soit à la disposition de tous. En d'autres termes, cela revient à renoncer volontairement à tout... Je dois donc en toute logique abandonner mon corps à la volonté de Dieu, et tant que je dispose de cet instrument, je dois m'en servir non pour mener une vie de plaisirs mais pour servir les autres à toute heure du jour. Et s'il doit en être ainsi pour le corps, n'en va-t-il pas de même à plus forte raison pour les vêtements et autres accessoires de ce genre ?

Il est certes impossible d'atteindre la perfection en matière de pauvreté volontaire et vouée. Mais ceux qui, dans ce domaine ont été aussi loin que possible, n'hésitent pas à affirmer que le jour où vous vous dépossédez de tout, vous recevez tous les trésors du monde[1]. (MT, III, 155-157.)

À partir de mon adolescence j'ai appris à estimer la valeur des écritures en fonction de leur enseignement moral. Les miracles ne présentaient pour moi aucun intérêt. Même si je croyais littéralement à des miracles comme ceux que l'on attribue à Jésus, cela ne suffirait pas à me faire admettre un enseignement qui ne répondrait pas aux exigences de la morale universelle. D'une certaine manière, les paroles des maîtres spirituels sont, pour moi, chargées d'une vie et d'une force qu'elles n'auraient pas si elles étaient dites par de simples mortels. Je ne pense pas être le seul à voir les choses ainsi.

À mon avis, Jésus est l'un de ces grands maîtres spirituels. Nul doute que pour les disciples de sa génération il fut « le fils unique de Dieu ». Mais il n'est pas nécessaire de faire

1. Extrait d'une allocution du 27 septembre 1931, au Guildhall de Londres.

mienne leur croyance. Ma vie ne s'en trouve pas pour autant affectée parce que je considère le Christ comme l'un des nombreux fils que Dieu ait engendrés. Ici, le mot « engendré » a un sens plus profond et sans doute plus élevé que la simple référence à sa naissance spirituelle. À son époque, il était celui qui se trouvait le plus près de Dieu.

Jésus a racheté les péchés de ceux qui acceptèrent son enseignement en étant pour eux un exemple infaillible. Mais l'exemple resta lettre morte pour ceux qui ne se mirent jamais en peine de changer de vie. L'homme régénéré voit s'effacer la souillure qui le caractérisait à l'origine, tout comme l'or purifié ne porte plus les traces de l'alliage qui le constituait.

J'ai reconnu sans aucune restriction les nombreux péchés que j'ai commis. Mais je n'en porte pas le poids sur mes épaules. Si, comme je le crois, mes pas me dirigent vers Dieu, il vaut mieux qu'il en soit ainsi. Car je m'en sens réchauffé par le rayonnement de Sa présence. Mes austérités, mes jeûnes et mes prières n'ont, à mon avis, aucune valeur si je compte dessus pour me réformer. Mais ces efforts sont d'un prix inestimable s'ils expriment, comme je l'espère, l'aspiration d'une âme à trouver auprès de son Créateur le repos après tant de fatigues. (MT, IV, 93.)

Un Anglais de mes amis n'a pas cessé depuis

plus de trente ans de vouloir me persuader que l'hindouisme ne conduit qu'à la damnation et que je dois me convertir au christianisme. Quand j'étais en prison, on me remit, de sources différentes, rien de moins que trois exemplaires de *La vie de Sœur Thérèse*, dans l'espoir que je suivrais son exemple et découvrirais en Jésus le fils unique de Dieu et mon sauveur. Je lus l'ouvrage avec recueillement mais ne pus faire mien le témoignage de sainte Thérèse. Je dois dire que j'ai un esprit ouvert, pour autant que cela reste possible à mon âge et au point où j'en suis en ce domaine. Quoi qu'il en soit je pense que c'est vrai dans le sens que s'il m'était arrivé la même chose qu'à saint Paul, je n'aurais pas hésité à me convertir. Mais aujourd'hui je m'élève contre le christianisme dogmatique dans la mesure où je suis persuadé que sa doctrine a déformé le message de Jésus. Le Christ était un Asiatique dont le message fut transmis selon des moyens très divers ; mais lorsque cette religion reçut le soutien d'un empereur romain, elle devint impérialiste et l'est restée jusqu'à ce jour. Évidemment, il y a d'éclatantes exceptions, mais elles sont rares. (MT, IV, 95.)

Je suis peu cultivé. Je connais peu de chose en littérature et n'ai pas vu grand-chose du monde. J'ai concentré mon attention sur certaines choses, à l'exclusion de tout autre intérêt. (MT, VI, 356.)

Je n'ai pas l'ombre d'un doute que tout homme ou toute femme peut arriver aux mêmes résultats que moi en faisant les mêmes efforts et à condition d'avoir la même espérance et la même foi. (SB, 216.)

Je me figure savoir ce que c'est que de vivre et mourir en non-violent. Mais il me reste à en faire la démonstration par un acte parfait. (MGP, II, 475.)

Il n'y a pas de « gandhisme » et je ne veux pas voir de secte se constituer après moi. Je ne prétends nullement avoir été à l'origine d'une nouvelle doctrine. J'ai simplement voulu, à ma manière, appliquer aux problèmes de notre vie quotidienne des principes de valeur éternelle. Il n'est donc pas question pour moi de laisser un code comme celui de Manou. Il n'y a pas de comparaison possible entre ce grand législateur et moi. Mes opinions et conclusions ne sont pas définitives. Je peux y apporter des modifications du jour au lendemain. Je n'ai rien de nouveau à apprendre au monde. La vérité et la non-violence n'ont pas d'âge. J'ai simplement essayé de mettre en pratique par des démarches expérimentales ces deux vertus sur une échelle aussi vaste que possible. Ce faisant, je me suis égaré plus d'une fois et j'ai profité de ces erreurs pour en tirer des leçons. Ainsi la vie et ses problèmes sont-ils devenus pour moi autant d'occasions pour appliquer les principes de la vérité et de la non-violence. Par instinct, c'est la vérité et non pas la non-violence qui m'a attiré. Comme l'a dit si justement une fois un moine jaïna, je ne suis pas tant un fervent de la non-violence que de la vérité. Selon lui, je plaçais la vérité avant la non-violence puisque j'étais capable de sacrifier celle-ci aux exigences de celle-là. En fait, c'est en cherchant la vérité que j'ai découvert la non-violence. Selon nos écritures, il n'y a pas de *dharma*[1] plus élevé que la vérité. Mais, selon les mêmes textes, la non-violence est le plus haut devoir. À mon avis, le mot *dharma* a différentes connotations dans ces deux aphorismes.

Au fond, toute ma philosophie, pour reprendre un mot bien prétentieux, se trouve dans ce que j'ai dit. Mais il ne faut pas, pour autant, parler de « gandhisme ». Il n'est pas question de « isme » dans tout ceci. Pas plus qu'il n'est besoin de toute une littérature ou même de propagande. On a souvent cité les Écritures pour me convaincre d'erreur, mais, plus que jamais, je maintiens que la vérité ne doit être sacrifiée à rien d'autre. Parmi les gens qui croient aux simples vérités que j'ai posées au fondement de mon action, seuls ceux qui règlent leur vie sur elles, sont capables d'en assurer le rayonnement. On s'est moqué de mon rouet ; et un esprit doué d'un sens critique aigu a cru bon

1. *Dharma* : Religion ; règle ou pratique morale ; devoir.

d'ajouter qu'à ma mort ce rouet servirait à dresser mon bûcher funéraire. Mes convictions dans ce domaine n'ont pas été pour autant ébranlées. Ce ne sont pas des livres qui pourront convaincre que tout le côté constructif de mon programme s'appuie sur la non-violence. Ma vie seule peut en donner la démonstration. (MT, IV, 66-67.)

En la personne de Thoreau vous [1] m'avez donné un maître. Son essai sur *Le devoir de désobéissance civile* m'a apporté la confirmation scientifique du bien-fondé de mon action en Afrique du Sud. La Grande-Bretagne m'a donné Ruskin. Du jour au lendemain, son livre *Unto this last* fit de l'avocat et du citadin que j'étais, un campagnard dont la ferme se trouvait à cinq kilomètres de la gare la plus proche. Avec Tolstoï, la Russie m'a donné un maître capable de fonder en raison ma non-violence tout empirique. Tolstoï donna sa bénédiction au mouvement que j'avais créé en Afrique du Sud, alors que ma tentative était encore dans l'enfance et ne laissait que peu deviner de ses possibilités étonnantes. C'est lui qui avait prophétisé dans la lettre qu'il m'adressa à cette époque, que mon action apporterait un message d'espérance aux peuples opprimés. On peut ainsi constater que ma mission ne se nourrit d'aucune hostilité à l'égard de la Grande-

1. Les Américains. *(N. d. T.)*

Bretagne ou de l'Occident. Après m'être imprégné du message de *Unto this last* on ne pouvait pas m'accuser d'approuver les doctrines qui, comme le fascisme ou le nazisme, cherchent à supprimer la liberté individuelle. (MT, VI, 177.)

Ma vie est sans secret. Certes, j'ai avoué ses faiblesses et si j'avais encore des penchants sensuels, j'aurais le courage de le confesser. C'est lorsque je fus pris d'une véritable aversion pour toute forme de sensualité, même dans mes rapports avec ma femme, que je prononçai le vœu de *brahmacharya.* C'était en 1906, et je le fis pour mieux me consacrer au service de mon pays. Depuis ce jour, je n'ai plus rien à cacher de ma vie... et, alors, ma femme et moi nous avons connu la liberté. Elle devint une femme libre, affranchie de mon autorité qui me permettait de la commander comme son seigneur et maître. Et de mon côté, je me sentis délivré de la tyrannie de ces désirs qu'elle devait satisfaire. Aucune autre femme ne m'a attiré dans le sens où je l'entends quand il s'agit de mon épouse. J'étais trop loyal à son égard et trop fidèle à l'engagement que j'avais pris en présence de ma mère, pour devenir l'esclave d'une autre femme. Au contraire, l'esprit dans lequel je me suis rapproché du *brahmacharya,* m'a irrésistiblement conduit à voir en toute femme la mère de l'homme... Je pratiquais le *brahmacharya* en ignorant tout des lois orthodoxes qui régissent l'observation de ce vœu. J'établissais mes propres règles selon les nécessités particulières à chaque circonstance. Mais je n'ai jamais pensé qu'il fallait éviter le moindre contact avec toute femme pour rester fidèle à cet engagement. Ce serait une conséquence extrême, d'une valeur fort discutable. Je n'ai donc jamais hésité à porter secours ou à rendre service à une personne du sexe opposé. Et à mon tour, j'ai su mériter la confiance des nombreuses sœurs qu'il m'a été donné de connaître en Europe, en Inde, et en Afrique du Sud. Et, lorsque j'invitai les Indiennes d'Afrique du Sud à se joindre au mouvement de résistance civile, je m'aperçus qu'un même élan les unissait à moi et que j'étais tout désigné pour servir leur cause. De même, après mon retour en Inde je pus me rendre compte en un rien de temps des liens de solidarité qui m'unissaient à mes sœurs de l'Inde. En conclusion, ce fut pour moi une agréable révélation de voir qu'il m'était facile de gagner leur compréhension. Celles qui étaient musulmanes ne se voilaient pas le visage quand je me trouvais parmi elles. Je dors à l'*āshram*, entouré de femmes, car à tous points de vue elles se sentaient avec moi en sûreté. Il faut se rappeler qu'à l'*āshram* de Segaon il est impossible de s'isoler.

Si, au point de vue sexuel, j'étais attiré par les femmes, j'aurais assez de courage même aujourd'hui pour devenir polygame. Mais je ne suis pas pour l'amour libre. Et que le concubinage soit notoire ou tenu secret, cela ne change rien à mon opinion. Dans le premier cas il s'agit d'un amour bestial, tandis que dans le deuxième il s'y ajoute de la lâcheté. (MT, V, 241-242.)

« Vous n'avez même pas su garder votre fils avec vous », m'écrit un correspondant. « Ne vaudrait-il pas mieux vous contenter de mettre de l'ordre dans votre propre maison ? »

Cette observation peut être interprétée comme un reproche ; mais je n'en ferai rien. Car, avant toute autre personne, je m'étais déjà posé cette question. Je crois à la réincarnation. Toutes nos relations résultent des *samskārs*[1] de nos vies antérieures. Les lois de Dieu sont impénétrables. Personne ne peut les sonder.

Je pense avoir eu un enfant difficile à cause des fautes que j'ai commises dans cette vie ou dans une autre. Mon premier fils est né à une époque de ma vie où je n'étais pas encore détaché de toutes mes passions. Et, à l'âge où il me fallait l'éduquer, je n'étais pas arrivé à complète maturité. Je me connaissais moi-même bien peu. Aujourd'hui, encore, je ne prétends pas me connaître parfaitement mais, tout de même, autrement mieux qu'à cette époque. Pendant des années, il resta éloigné de moi ; je ne fus pas

1. *Samskara* (Samskārs) : Marque ineffaçable laissée par les actions du passé.

le seul à me charger de son éducation. C'est pourquoi il s'est trouvé livré à lui-même. Il m'a toujours reproché de l'avoir sacrifié, lui et ses frères, sur l'autel de ce que j'imaginais être le bien public. Mes autres fils, non sans hésitation, m'ont finalement pardonné de tout leur cœur. Mais mon fils aîné ne peut pas oublier ce qu'il considère comme mes maladresses. Il est vrai qu'il fut directement victime de mes nombreux tâtonnements quand j'ai voulu changer radicalement de vie. Je pense donc être moi-même responsable de la perte de mon fils et c'est pourquoi j'endure patiemment cette épreuve. Pourtant il est inexact de dire que j'ai voulu sa perte. Car je ne cesse de prier pour que Dieu lui fasse voir ses erreurs et me pardonne les insuffisances éventuelles de mon office paternel. J'ai la ferme conviction que l'homme est fait pour aller toujours plus haut ; si bien que je n'ai pas perdu tout espoir de voir mon fils sortir de sa torpeur et de son ignorance. Il est ainsi partie prenante à mes expériences non violentes. Réussirai-je un jour et quand ? Je ne me suis jamais soucié de le savoir mais il me suffit pour l'instant de ne pas relâcher mes efforts dans l'accomplissement de ce que je connais être mon devoir. (MT, V, 378-379.)

Dans un article de journal que m'a fait parvenir un correspondant, j'ai lu qu'on avait édifié un temple pour y vénérer mon image. Il y a vraiment là une forme grossière d'idolâtrie. Le fondateur de ce temple a gaspillé des ressources précieuses, les villageois qu'on y attire sont induits en erreur et, chose insultante pour moi, toute ma vie se trouve caricaturée par ce temple. Le sens que j'ai toujours voulu donner à l'adoration est, dans ce cas, tout à fait déformé. Le culte du *charkhā*[1] consiste à s'en servir pour gagner sa vie ou en manière de sacrifice conduisant au *swarāj*[2]. On vénère la Gita non en récitant ses paroles comme un perroquet mais en appliquant ses préceptes. La récitation d'un texte n'a de valeur que pour mieux mettre en pratique l'enseignement qu'il contient. Un homme n'est vraiment vénéré que si on prend exemple sur ses qualités, au lieu d'imiter ses faiblesses. On dégrade l'hindouisme si on l'abaisse à adorer l'image d'un être vivant. De quelqu'un qui est encore en vie, on ne peut pas dire qu'il est bon. Une fois mort, sa bonté est fonction des qualités qu'on lui attribue. En fait, Dieu seul connaît le cœur d'un homme. Par conséquent, le plus sûr est d'adorer non pas un être humain, même après sa mort, mais la perfection qui n'existe qu'en Dieu, reconnu comme Vérité. On peut évidemment se demander si le fait d'avoir des photographies n'est pas une forme de dévo-

1. *Charkhā* : Rouet.
2. *Swarāj* : Autonomie.

tion, dénuée de toute valeur. J'en ai déjà parlé dans ce sens en d'autres écrits. Je dois dire que j'ai toléré cette pratique dans la mesure où elle n'est plus qu'une mode innocente quoique dispendieuse. Mais cette tolérance deviendrait grotesque et nocive si, directement ou non, j'encourageais un tant soit peu cette idolâtrie virtuelle. Le propriétaire du temple serait fort bien venu s'il en retirait mon portrait et s'il faisait de ce lieu un atelier de travail où, moyennant salaire, les pauvres viendraient carder et filer le coton, tandis que les autres viendraient bénévolement se joindre aux mêmes activités par esprit de sacrifice. Tous, les uns comme les autres, porteraient le *khaddar*[1]. Ce serait, aussi, mettre en pratique l'enseignement de la Gita et faire preuve d'un sens nullement déplacé de l'adoration. (MT, VII, 100.)

Mes défauts et mes échecs sont tout autant une bénédiction de Dieu que mes dons et mes réussites ; je les dépose au pied de Son autel. Pourquoi a-t-Il choisi l'instrument imparfait que je suis pour une œuvre si grande ? Je pense qu'Il l'a fait délibérément. Il fallait venir en aide à des millions de pauvres ignorants qui souffrent en silence. Un homme parfait les aurait découragés d'avance. Au contraire, tous les espoirs leur semblèrent permis quand ils virent s'avancer sur

1. *Khaddar* : Tissu fait à la main.

la voie de l'*ahimsā* un homme comme eux, avec les mêmes faiblesses. Quelqu'un de parfait serait resté méconnu. On n'aurait pas vu en lui le chef qu'il fallait et on l'aurait peut-être relégué dans une caverne. Celui qui me suit peut fort bien devenir plus parfait et il se pourrait même que vous receviez de lui un message. (MGP, II, 801.)

Lorsque j'appris que la ville de Hiroshima avait été anéantie par une bombe atomique, je ne laissai paraître aucune émotion. Je me dis tout simplement : « L'humanité court à son suicide si le monde n'adopte pas la non-violence. » (MGP, II, 808.)

Je ne porte pas de jugements sur le monde et ses méfaits. Étant moi-même imparfait et ayant besoin de tolérance et de charité, je tolère à mon tour les défauts du monde jusqu'à ce que je trouve ou ménage le joint qui me permettra d'y porter remède. (MT, I, 285.)

Quand j'arriverai à ne plus commettre le moindre mal et que je me serai débarrassé de toute pensée hautaine ou dure si fugitive soit-elle, alors, mais alors seulement, les cœurs les plus endurcis seront ébranlés par ma non-violence. (MGP, II, 800.)

Celui qui est entièrement immergé en Dieu, s'en remet à Lui, sans se soucier des échecs ou des succès ; il Lui offre tout. Comme je n'ai pas encore atteint cet état, j'en déduis que mes efforts sont insuffisants. (MGP, II, 453.)

Il arrive un moment de la vie où l'on n'a même plus besoin de déclarer publiquement ses pensées et encore bien moins de les manifester par des actes extérieurs. Les pensées agissent par elles-mêmes. Elles peuvent être douées de ce pouvoir. On peut dire de celui dont la pensée est action que son apparente inaction est sa vraie manière d'agir... C'est dans ce sens que je dirige mes efforts. (MGP, II, 463.)

J'aimerais tant pouvoir répondre à une question qu'on me pose dans de nombreuses lettres adressées de plusieurs points du globe. Voici, en résumé, ce que me demandent mes correspondants : comment pouvez-vous expliquer que la violence augmente dans votre propre pays et qu'elle soit le moyen dont se servent les partis politiques pour mener à bien l'exécution de leurs desseins ? Est-ce là le résultat de trente années de lutte non violente pour mettre fin à la domination britannique ? Votre message de non-violence pour le monde est-il toujours valable ?

Ma réponse m'oblige à avouer mon échec, mais nullement la faillite de la non-violence. J'ai déjà dit que la non-violence de ces trente dernières années avait été appliquée par des faibles. Je laisse aux autres le soin d'apprécier la valeur de cette réponse. Il faut bien admettre aussi que cette sorte de non-violence n'est pas de taille à influer sur la marche nouvelle des événements.

L'Inde n'a aucune expérience de l'autre non-violence qui est celle des forts. À quoi bon m'évertuer à répéter que cette non-violence des forts est la force la plus irrésistible qui soit au monde ? La vérité exige une démonstration constante et à grande échelle. C'est ce à quoi j'essaye actuellement de m'employer du mieux que je puis. Mais quel peut être le résultat de mes plus grands efforts s'ils demeurent infimes ? Est-ce qu'après tout, je ne vis pas béatement dans un univers illusoire ? Pourquoi, dès lors, demanderais-je qu'on me suive dans une recherche aussi vaine ? Autant de questions fort pertinentes. Ma réponse est toute simple. Je ne demande à personne de me suivre. Chacun devrait rester à l'écoute de sa petite voix intérieure et agir en conséquence ; et, si l'on n'a pas d'oreilles pour écouter, il ne reste plus qu'à faire de son mieux. En aucun cas, il ne faut imiter les autres comme un mouton.

On m'a également posé, on me pose encore une autre question : Si vous êtes certain que l'Inde est en train de s'engager dans une mauvaise voie, pourquoi vous associez-vous avec les responsables qui égarent votre pays ? Pourquoi ne cultivez-vous pas votre propre jardin, assuré que, si vous êtes dans le vrai, vos amis d'autrefois et vos disciples viendront vous chercher dans votre retraite ? Je ne saurais me dérober à cette question qui me paraît s'imposer. Tout ce que je puis dire est que ma foi est plus forte que jamais. Il est tout à fait possible que ma technique soit en faute. Pour se guider parmi des difficultés si complexes, il existe de vieilles recettes qui ont fait leur preuve, mais il ne faut pas les appliquer d'une manière mécanique. Par conséquent, je demande à ceux qui m'adressent des recommandations, d'avoir de la patience à mon égard, et même de partager ma conviction qu'il n'y a pas de remèdes aux maux dont souffre le monde en dehors du sentier abrupt et étroit de la non-violence. Il se peut que des millions d'individus comme moi ne réussiront jamais à faire de leur vie une démonstration de cette vérité. La faute en incombe à ces apprentis et non à la loi éternelle. (MT, VIII, 22-23.)

La division de l'Inde entre Union indienne et Pakistan s'est produite en dépit de mes interventions. J'en ressens comme une blessure. Mais ce qui m'a surtout blessé, c'est la manière dont on a procédé à cette division. J'ai décidé de tout mettre en œuvre pour éteindre cette conflagration et d'en faire pour moi une question de vie ou de mort. J'aime mes compatriotes et les autres hommes d'un même amour, parce que Dieu demeure dans le cœur de chacun et que j'aspire à la forme de vie la plus haute : le service de l'humanité. Il est exact que notre non-violence était une non-violence de faibles, c'est-à-dire la négation de toute non-violence.

Mais je maintiens que ce n'est pas sous ce jour que j'ai présenté la non-violence à mes concitoyens. D'ailleurs si je leur ai montré cette arme spirituelle, ce n'est pas parce qu'ils étaient faibles, sans armes ou sans entraînement militaire, mais parce que l'Histoire m'a enseigné une vérité importante. Quelle que soit la noblesse d'une cause à défendre, la haine et la violence compromettent la paix que l'on recherche et font redoubler la haine et la violence. Grâce aux traditions anciennes des voyants, des sages et des saints de l'Inde, s'il est un héritage dont elle peut faire profiter le monde, c'est cet évangile de clémence et de confiance qui est l'un des plus beaux fleurons de notre pays. J'ai la conviction que dans les temps à venir l'Inde saura opposer ce message à la menace d'extermination générale que fait courir à notre planète la bombe atomique. Les armes de la vérité et de l'amour sont invincibles, mais la faille se trouve en nous-mêmes, leurs adeptes, puisque nous voilà pris à présent dans un engrenage qui risque de nous conduire au suicide. Je m'efforce donc de m'examiner davantage. (MGP, II, 246.)

J'ai traversé de nombreuses épreuves au cours de ma vie. Mais celle-ci est peut-être la plus dure. Ce n'est pas pour me déplaire. Plus la lutte est rude, plus intense est mon sentiment de communion avec Dieu et plus profonde ma foi en Sa grâce surabondante. Aussi longtemps que cet état demeure, je sais que je suis dans le bon chemin. (MGP, II, 246.)

Si j'étais parfait, je ne prendrais pas à cœur, comme je le fais, les souffrances de mon prochain. Si j'étais parfait, je devrais analyser la situation, prescrire un remède et le rendre indispensable aux yeux de tous grâce à la forme de persuasion de la Vérité qui serait en moi. Mais, jusqu'à présent, je ne vois que de manière indistincte, comme si je portais des verres sombres. J'en suis donc réduit à de longs et pénibles efforts pour emporter la conviction des autres, et, encore, pas toujours avec succès... Je serais moins humain, si, avec ce que je sais des épreuves qui secouent notre pays et des remèdes qu'on peut appliquer... je ne souffrais pas moi-même avec ces millions d'Indiens, muettes victimes, et pour eux. (MGP, II, 324.)

Quoi qu'on en dise et bien qu'il ait pu se faire que j'aie perdu à mon grand regret l'estime et même la confiance de beaucoup de mes amis en Occident, je ne veux pour rien au monde étouffer cette petite voix qui est ma conscience ou l'expression de ce qu'il y a de plus profond en moi. Un élan irrésistible me pousse à crier mon angoisse. J'en connais exactement la cause. Cette voix intérieure ne me trompe jamais. Pour l'instant, elle me dit : « Tiens bon, même si tu es seul et si tout le monde est contre toi. Regarde-les droit dans les yeux même si les leurs sont injectés de sang. N'aie pas peur. Fais confiance à cette petite voix du cœur qui te demande d'être disposé à abandonner amis, femme, tout et tous. Sois prêt à mourir pour témoigner de ce qui donne un sens à ta vie. » (MM, 16.)

Mon âme se refusera tout repos aussi longtemps qu'elle assistera impuissante à une seule souffrance ou à une seule injustice. Mais faible, fragile et misérable comme je suis, je ne saurais venir à bout de tous ces maux et ne pourrais pas davantage m'en laver les mains. L'esprit me tire d'un côté et la chair de l'autre. La liberté vient de l'action conjuguée de ces deux forces mais on n'y parvient lentement qu'après maintes étapes et pénibles difficultés. La liberté ne me viendra pas d'un refus systématique d'agir mais d'une action réfléchie et menée avec détachement. Cette lutte aboutit à constamment crucifier la chair pour mieux libérer l'esprit. (MGP, II, 324.)

Je crois au message de vérité qui nous vient des fondateurs de toutes les religions du monde. Je prie sans cesse pour ne jamais avoir de ressentiment contre ceux qui me calomnient, et pour rendre l'âme, avec le nom de Dieu sur les lèvres, même si je tombe victime d'un attentat. Qu'on garde de moi le souvenir d'un imposteur si au dernier moment j'ai le moindre mot contre mon assassin. (MGP, II, 101.)

Ai-je en moi la non-violence des courageux ? Ma mort seule le dira. Si, à la suite d'un attentat, je meurs en priant pour mon assassin tout en gardant présent au cœur le sentiment de la présence de Dieu, alors seulement il sera possible d'en déduire que j'ai la non-violence des courageux. (MGP, II, 327.)

Je ne tiens pas à mourir d'une paralysie progressive de toutes mes facultés, après avoir perdu possession de tous mes moyens... Il se peut qu'une balle de revolver mette fin à mes jours. Ce serait, de ma part, fort bien accueilli. Mais je voudrais, par-dessus tout, m'éteindre en faisant mon devoir jusqu'au dernier souffle. (MGP, I, 562.)

Je ne cours pas après le martyre... Mais je l'aurais mérité s'il se présente à moi comme l'ultime conséquence du témoignage qu'il faut parfois apporter pour défendre sa foi. (MM, 9.)

On a déjà plusieurs fois attenté à ma vie, mais jusqu'ici Dieu m'a épargné, et mes agresseurs se sont repentis d'avoir agi ainsi. Si quelqu'un devait me tuer en croyant se débarrasser d'une canaille, ce ne serait pas le vrai Gandhi qu'il aurait abattu mais celui qu'il aurait cru voir sous ce faux jour. (MM, 9.)

Si je meurs d'un mal qui traîne en longueur, ou même, tenez, d'un furoncle, et pourquoi pas, d'un simple bouton, il sera alors de votre devoir de déclarer à tous, au risque d'attirer leur courroux, que je n'étais pas l'homme de Dieu que je prétendais être. Si vous le faites, j'aurai l'esprit en paix. Sachez, en revanche, que si on devait m'abattre d'une balle — déjà l'autre jour on a voulu me tuer en faisant exploser une bombe — et que je sois capable d'y faire face sans broncher tout en consacrant mon dernier soupir au nom du Créateur, alors je n'aurais pas prétendu vainement être un homme de Dieu[1]. (MGP, II, 766.)

Si, après ma mort, on voulait me porter en procession et que l'usage de la parole me fût alors rendu, je n'hésiterais pas à demander qu'on ait pitié de moi et qu'on procède plutôt à mon incinération sur les lieux mêmes où je suis mort. (MGP, II, 417.)

Après ma disparition, il n'y aura personne d'habilité à me représenter en totalité. Mais, pour la plupart, un peu de moi continuera de vivre en chacun de vous. Le vide sera en grande partie comblé si chacun s'efface devant la cause qu'à ma suite il veut servir. (MGP, II, 782.)

Je ne veux pas renaître. Mais si cela devait se produire, j'aimerais me retrouver parmi les intouchables afin de partager leurs chagrins, leurs souffrances et les affronts qu'on leur fait. De cette manière l'occasion me serait peut-être donnée de les libérer, eux et moi, de cette misérable condition. (SB, 238.)

1. Ces paroles furent prononcées dans la nuit du 29 janvier 1948, moins de vingt-quatre heures avant le coup de feu qui devait mettre fin à ses jours.

[illegible], traduits [illegible] et annotés par [illegible]

Le moine zen Dôgen (1200-1253) métaphorise la préparation d'un repas en méditation : la sérénité se trouve au cœur des activités les plus quotidiennes, les plus banales.

Prolongez vos méditations et votre réflexion avec Folio Sagesses

CICÉRON,
« Le bonheur dépend de l'âme seule »
(Tusculanes, livre V)

Traduit du latin par Émile Bréhier

Avec clarté et pragmatisme, Cicéron (106 à 43 av. J.-C.) se propose de nous guider sur les chemins de la sagesse et du bonheur.

*

DÔGEN, *Instructions au cuisinier zen*
suivi de *Propos de cuisiniers*

Textes choisis, traduits du japonais et annotés par Janine Coursin

Le moine zen Dôgen (1200-1253) métamorphose la préparation d'un repas en méditation : la sérénité se trouve au cœur des activités les plus quotidiennes, les plus banales.

*

MAÎTRE ECKHART,
L'amour est fort comme la mort et autres textes

Traduit de l'allemand par Paul Petit

Recourant à une langue riche en images et en paradoxes, maître Eckhart, dominicain et mystique du XIIIe siècle, entraîne son lecteur à l'accompagner sur le chemin d'une pensée toujours vivante, toujours en tension vers la connaissance, dont il place la quête au fondement de sa démarche spirituelle : une méditation lumineuse conviant à l'apaisement et à la contemplation.

*

ÉPICTÈTE, *Du contentement intérieur et autres textes*

Texte établi et traduit du grec ancien par Joseph Souilhé, avec la collaboration d'Amand Jagu

La philosophie comme art de vivre, pour mener une vie sereine et exempte de troubles, par l'un des grands sages stoïciens antiques (Ier siècle apr. J.-C.).

*

FÉNELON, *Voyage dans l'île des plaisirs (Fables et histoires édifiantes)*

Édition établie et annotée par Jacques Le Brun

Une invitation à découvrir la sérénité dans la maîtrise de ses désirs, par l'une des plus belles plumes du XVIIe siècle.

*

GANDHI, *La voie de la non-violence*

Édition de Krishna Kripalani
Traduit de l'anglais (Inde) par Guy Vogelweith

Dans l'histoire de l'humanité, Gandhi (1869-1948) est le premier à avoir étendu le principe de la non-violence du plan individuel au plan social et politique. La voie de la non-violence n'est pas seulement l'apanage des saints et des sages, mais aussi bien de tous les autres hommes.

*

LAO-TSEU, *Tao-tö king*

Traduit du chinois par Liou Kia-hway

Texte fondateur du taoïsme, le « livre sacré de la Voie et de la Vertu » réconcilie les deux principes universels du *yin* et du *yang*. De leur équilibre et de leur alternance naissent tous les phénomènes de la nature, régis par un principe suprême, le Tao.

*

FRANÇOIS DE LA ROCHEFOUCAULD,
Maximes suivi de
Portrait de La Rochefoucauld par lui-même

Édition de Jean Lafond

Une invitation à la sagesse d'une implacable lucidité et d'une ironie mordante, par un grand moraliste du XVIIe siècle.

*

MARC AURÈLE, *Pensées (Livres I-VI)*

Traduit du grec et annoté par Émile Bréhier

Inspirées des principes du stoïcisme, les méditations (IIe siècle apr. J.-C.) d'un homme en proie au doute, en quête de paix intérieure. Un examen de conscience étonnamment moderne à lire et à relire.

*

MENG ZI, *Aller au bout de son cœur*
précédé du *Philosophe Gao zi*

Textes traduits du chinois et annotés par Charles Le Blanc

Cultivez votre sens de la compassion et de la justice avec Meng zi, un des grands philosophes confucianistes de l'Antiquité chinoise (IVe siècle av. J.-C.).

*

MONTAIGNE, *Sur l'oisiveté*
et autres Essais en français moderne

Adaptation en français moderne par André Lanly

Les *Essais*, livre clé de la découverte des valeurs de la civilisation occidentale, nous guide, à travers les méditations de Montaigne sur les sujets les plus divers, vers une vie assagie par l'exercice de notre liberté de penser.

*

PIEDS NUS SUR LA TERRE SACRÉE
Textes rassemblés par T. C. McLuhan (I, II)

Traduit de l'anglais (Canada) par Michel Barthélémy

Un émouvant témoignage des Indiens d'Amérique du

Nord, qui racontent leur mode de vie en harmonie avec la nature : un exemple précieux pour l'homme moderne.

*

SAÂDI

Le Jardin des Fruits
Histoires édifiantes et spirituelles

Traduit du persan par Franz Toussaint

Recueil d'une soixantaine d'histoires, *Le Jardin des Fruits* de Saâdi (vers 1200 – vers 1292) contient aussi sentences et prières. Elles constituent autant d'occasions d'apprendre à se comporter dans des situations problématiques de l'existence, et de sortir moralement grandi de ses mésaventures : cueillez avec bonheur les Fruits du Jardin de Saâdi.

*

LÉONARD DE VINCI,

Prophéties précédé de *Philosophie* et *Aphorismes*

Traduit de l'italien par Louise Servicen

Avec un grand mépris des superstitions et de la crédulité des hommes, Léonard de Vinci, au gré des pages, livre ses pensées et une sagesse pratique : la vision très personnelle du monde d'un visionnaire de génie.

*

VOLTAIRE,

De l'horrible danger de la lecture et autres invitations à la tolérance

Édition établie et annotée par Jacques Van den Heuvel

Avec une ironie mordante, Voltaire fustige la bêtise et la barbarie : dans un grand éclat de rire, il nous invite, en philosophe des Lumières, à la bienveillance et au respect des autres.

Composition Bussière
Impression Novoprint
à Barcelone, le 2 septembre 2015
Dépôt légal : septembre 2015

ISBN 978-2-07-046640-5./ Imprimé en Espagne

287774